현실은 영원이다
−그대는 천도를 아는가, 그대는 죽음을 아는가

지광 스님의 삶과 죽음에 관한 법문

현실은
영원이다

그대는 천도를 아는가
그대는 죽음을 아는가

차 례

서문

우리는 태어나면서부터 사형수 Ⅰ

　40여 년간 무던히도 많은 시신을 모셨습니다. 제사도 수도 없이 지냈습니다. 귀신들도 많이 만났습니다. 수많은 임종자들을 만나면서 죽음에 대해 너무도 익숙하게 되었습니다. 죽음을 대할 때마다 느끼는 점은 대부분 사람들이 죽음에 대한 공부가 너무도 안 돼 있구나 하는 안타까움과 슬픔이었습니다. 시신을 거의 매일매일 모시는 가운데 항상 먹먹한 마음으로 지냈습니다. 사람들은 죽음이 닥쳐올 때까지 삶에 취해 죽음을 잊고 삽니다. 죽음에 대한 공부나 대비 없이 한번 가면 다시 못 올 길을 떠납니다.

　우리는 누구나 태어나면서부터 사형수입니다. 그런데도 불구하고 그 사실을 전혀 생각지도 않은 채 살아갑니다. 사형수들은 모두 엄중한 죄를 짓고 감옥에서 매일매일 죽음을 기다리며 참담하게 살아갑니다. 그들에게 위로의 말이 제대로 통할 리 없습니다. 젊은 날 교도소에 들어가 계신 분들을 위로하러 다닌 적이 있습니다. 사형수도 만난 적이 여러 차례 있습니다. 우리 모두가 사형수들인데도 감옥에 있지 않다 하여 희희낙락입니다. 육신이 감옥인데도 말입니다.

그러다 어느 날 갑자기 죽음이 덮쳐듭니다. 죽음이란 권력자는 타협을 모릅니다. 수많은 죽음을 만나면서 느끼고 체험한 것이 있어 이 책을 정리하게 되었습니다. 돌아가신 분들과 후손을 위해서입니다.

대부분의 사람들이 "죽으면 그만이지." 합니다. 그런데 죽으면 그만이 아니라는 사실을 수많은 시신을 모시며 체험으로 깨닫게 되었습니다. 진정 죽으면 그만이 아닙니다. 제사를 지낼 때마다 또는 집안에 우환이 있을 때마다 가족들 가운데 병환이 있을 때마다 죽은 자들의 영향력을 강렬하게 느끼게 되었습니다. 가족들도 그러했습니다. 무당이란 직업이 지금도 힘을 쓰고 있는 현실을 나름 이해하게 되었습니다. 돌아가신 이부영 박사님의 샤머니즘에 대한 책[1]을 의미 있게 읽었습니다. 서울대 정신과 권위자이셨던 이 박사님의 고뇌가 눈에 보이는 듯합니다.

꿈속에서 왜 죽은 자를 만나는 것일까
왜 선몽을 받는 것일까?

40년 가까운 세월을 신도들을 모시고 살아왔습니다. 저승으로 모셔드리고 제사를 올리며 갖가지 상담을 하다보면 영혼들의 얘기가 빠지질 않습니다. 절에서는 49재를 지냅니다. 49재를 지낼

---

1 『한국의 샤머니즘과 분석심리학』, 이부영, 한길사

때마다 저는 가족들에게 꼭 묻습니다. "가족들 가운데 돌아가신 분을 꿈속에서 뵌 분들 계세요? 손들어 보세요." 틀림없이 몇 분은 손을 드십니다. 프로이트도 자신의 책에 이렇게 쓰고 있습니다.

"수많은 꿈을 채집하고 정리하는 가운데 대부분 꿈에 대한 이해는 가능하다. 그런데 왜 사람들은 꿈속에서 죽은 자를 만나게 되는 것일까? 미래를 보게 되는 것일까?"

의문의 마크를 붙였습니다. 왜 꿈속에서 죽은 자를 만나게 되는 것일까요? 왜 꿈속에서 미래를 보게 되는 것일까요?

우리의 생명은 붓다의 연장
붓다이다

우리의 생명은 호흡에 있습니다. 호흡은 허공을 마시는 것입니다. 허공은 붓다께서 항상 말씀하셨듯 붓다의 몸과 마음입니다. 붓다 그 자체입니다. 이해를 잘 못하시는 분들이 계실 것입니다. 이 책을 대하고 처음 이 같은 얘기를 접하는 분들도 계실 것입니다. 불교에서는 허공, 무량무변한 허공을 붓다라 부릅니다. 우리의 생명은 호흡에 있고 호흡은 허공을 마시는 것이고 허공이 붓다라 한다면 우리의 생명은 논법 그대로 붓다의 연장입니다. 그런데 그 같은 사실을 까맣게 모르고 깨닫지 못했기에 무명중생이라 불립니다. 깨달음은 광명인데 깨닫지 못했기에 무명입니다. 무명이 대죄(大罪)라는 것이 붓다의 가르침입니다. 무명이기에 무지하고 무지하기에 갖가지 죄악을 저지를 수밖에 없는 것입니다.

그 같은 죄가 우리를 사형수로 만듭니다. 사형당하는 그날까지 우리는 무명을 깨치기 위해 분투노력을 해야만 합니다. 그런데 그렇지 못한 것이 현실입니다. 과거생에 하던 그대로 탐욕 등 독심을 가득히 머금고 온 세상에, 허공에 독을 뿌리며 살아갑니다. 죄를 탕감하러 온 곳에서 죄를 가중시키는 삶을 살아가는 것이지요. 당연히 그 죄가 클 수밖에 없습니다. 타종교에서 원죄라 부르는 것처럼 말과 생각과 행동에 죄 아님이 없는 것입니다. 죄 가운데 가장 큰 죄는 아상(我相), 즉 이기심입니다. 이기심은 모든 죄악과 번뇌의 근본입니다.

진정으로 "사랑한다 사랑한다." 아우성치며 만난 사람들이 서로 간에 싸우고 다투다 못해 살해까지 합니다. 살인사건이 흉악범에 의해 일어나는 것으로만 알고 계신 분들이 태반입니다. 살인사건 열 건 중 여섯 건은 부부 간에, 가족 간에 벌어진다는 사실을 말씀드렸습니다. 참으로 인생은 비극입니다. 고통입니다. 고통의 바다입니다.

처절한 죽음을 맞이했던 영혼들은 이승을 등진 뒤 그만일까요? 또 요즈음 태어나는 아기들보다 제거하는 아이들이 몇 배 더 많다는 통계를 본 적이 있습니다. 이른바 태아령 등 생명으로 잉태돼 빛을 볼 것이라 희망에 찼던 영혼들이 절망으로 나락으로 끝났을 경우는 또 어떻게 될까요? 그밖에도 교통사고사, 병사, 갖가지 재앙, 화재, 수재, 인재 등으로 갑자기 떠나신 분들! 그들은 떠나간 다음 아무런 슬픔과 안타까움이 없을까요? 그렇지 않습니다. 우선 앞서 말씀드린 대로 그들이 꿈에 등장하는 메커니즘을 살펴봅니다.

호흡을 잊으면 호흡과 하나되고
허공과 하나된다

낮에는 눈, 귀, 코, 혀, 몸 등이 가동되면서 호흡을 느낍니다. 호흡은 앞서 말씀드린 대로 우리의 생명입니다. 허공을 마시는 것입니다. 허공은 부처님이기에 우리의 생명은 부처님과 하나입니다. 그런데 잠이 들면 육신이 쉬게 됩니다. 호흡은 하지만 점차 호흡을 잊게 됩니다. 의학적으로 수면상태를 가사(假死)상태라 부르기도 합니다. "쟤는 잠만 들면 산송장 같아!"라고 얘기들 합니다. 자신이 잠이 드는 순간을 알 수가 없습니다. 3차원의 물질세계에서 다른 차원의 세계로 넘어가는 통로가 잠이라 할 수 있죠. 잠자듯이 죽는 예를 봐도 그렇습니다.

실제 우리는 잠자듯이 죽습니다. 뇌파를 연구하는 학자들에 따르면 알파파, 베타파, 세타파, 델타파, 감마파 등으로 뇌파의 상태가 다르다고 합니다. 활동 시와 수면 시에 뇌의 파동이 현저히 달라진다는 겁니다. 점차 수면이 깊어지면 호흡을 잊게 됩니다. 호흡을 잊게 된다는 것은 호흡과 하나가 되는 것입니다. 호흡과 하나가 된다는 것은 허공과 하나가 되는 것이지요. 부처님 나라와 하나되고 영원과 하나된다는 사실입니다. 수면은 대단히 중요한 세계입니다. 부처님 나라는 문자 그대로 시간과 공간이 떨어지고 과거 현재 미래가 떨어지는 세계입니다. 그 결과로 미래가 녹아지는 선몽을 받게 되고 과거생이 녹아지며 전생을 만나게도 됩니다. 그뿐만이 아닙니다. 현실을 떠나 시공을 초월한 세계, 죽음 저 너머의 세계를 만나게 됩니다. 꿈속에서 죽은 자를 만나고, 잠자듯이 죽어가는 이유가 그러합니다. 수면, 숙면, 안면이 영면(永眠)이 되는 것입니다. 실제 시공을 초월한 미래를 보게 되는 경우를 선몽(Precognition Dream)이라 하는데 체험해 보신 분들은 잘 아실 것입니다. 간절한 마음으로 기도하는 가운데 열리는 부처님 나라의 선물 같은 것입니다.

죽은 자들은 꿈이라는 채널을 통해
가족을 만나러 온다

실제로 머리를 깎고 사는 저 같은 경우도 간절한 기도 끝에 부처님의 선물을 받았습니다. 선몽으로 능인선원 자리를 점지 받았고 부처님 진신사리를 만나게 되었습니다. 일일이 모두 말씀드릴 수 없습니다만 '지성이면 감천'이라든지 '지심귀명례', '백절불굴', '정신일도 하사불성' 등등의 경우를 웅변하는 가르침입니다. 수도 없습니다. 선몽의 예와 더불어 태몽의 경우도 같은 맥락의 가르침입니다. 붓다의 모친인 마야부인의 태몽이라든지 많은 사람들이 태몽을 받는 것을 보면 꿈속의 계시 같은 것을 이해할 수 있을 것입니다. 목련 존자도 기도 끝에 자신의 모친에 관한 선몽을 받습니다. 동서양의 경전들에는 꿈에 관한 얘기가 많습니다.

꿈속에서의 선몽, 태몽 등과 더불어 앞서 말씀드린 대로 저 세상 너머의 죽은 자들을 만나게 되는 경우 역시 마찬가지 차원입니다. 이제 어느 정도 이해가 되시리라 믿어집니다. 신비롭고 깊은 꿈속 세계 가운데 시공이 떨어지면서 죽음과 삶이 하나가 되는 상황이 펼쳐집니다. 잠자듯이 죽는 경우와 같이 세상을 등진 안타까운 영혼들이 산 자들과의 연결을 도모할 경우 꿈속에서 만나게 되는 경우도 대부분 그러합니다. 수많은 예가 그를 증명합니다만 하나만 간단히 말씀드립니다.

서초동에 사시는 보살님의 예입니다. 돌아가신 남편이 꿈에 나타날 때마다 바지 허리춤을 잡고 나타나는 것입니다. 여러 차례 거듭되자 하도 이상스러워 찾아오셨습니다. 그래서 "49재 지내고 소각할 때 허리띠를 함께 넣어 소각해 드리셨느냐?"고 물었습니다. "잘 기억이 나지 않는다."는 말씀이셨습니다. 그래서 "집에 돌아가셔서 남편의 유품들 가운데 허리띠를 하나 찾아서 자녀들과 묘소에 가시든지, 아니면 기도하는 마음으로 법당 뒷산에 올라가 자녀들과 함께 불살라 드리세요."라고 말씀드렸습니다. 그랬더니 얼마 뒤에 찾아오셔서 "참으로 놀랐다." 말씀하셨습니다. 소각 후 꿈속에서 바지를 잘 입고 허리띠를 잘 착용하신 모습으로, 으쓱대며 나타나더라는 것입니다. 참으로 "이상도 하고 신기하기도 하더라." 말씀하셨습니다. 진정 선조들이 남겨주신 제사의식은 무의미한 것이 하나도 없습니다. 소각의식조차 의미가 있는 것입니다.

붓다의 가르침대로 우리는 죽어도 죽지 않습니다. 우리의 호흡 가운데 영원과 하나되는 채널이 있습니다. 호흡은 부처님과 하나되는 통로입니다. 육신은 업 따라 이 세상에 온 존재이지만 동시에 업장소멸을 위한 도구에 해당합니다. 먹고 마시고 즐기라고만 주어진 것이 아닙니다.

죽음에 대한 감각이
너무도 무뎌졌다

선몽의 예를 생각해 보세요. 선몽이 아무에게나 주어지지 않는 것처럼 부처님 나라의 컴퓨터는 그가 들인 노력과 공덕에 따라, 그의 그릇 따라 담아 주십니다. 우보익생만허공 중생수기득이익(雨寶益生滿虛空 衆生隨器得利益)입니다. 자신의 공덕 짧음과 노력 짧음을 탓할지언정 부처님을 탓하고 조상을, 남을 원망하지 마십시오. 이 우주는 부처님 나라입니다. 한 치의 오차가 없습니다. 진정 우리는 죽음과 죽음 저 너머의 세계에 대해 너무 소홀하고 무지합니다.

과거에는 가족 중 누군가가 떠나시면 가족 모두 모여 정성스런 마음으로 예경하였습니다. 그와 같이 죽은 자에 대한 예경은 죽음에 대한 공부에 크나큰 도움이 되는 것이었습니다. 요즈음은 집에서 가족들이 모여 장례를 모시기보다 말년을 병원요양원 등으로 모시기에 너무도 죽음이 '약식'이 되었습니다. "네 아비와 어미의 시신을 놓고 영원을 공부하라." 하신 말씀이 무색해졌습니다.

그뿐이 아닙니다. 과거에는 차가 이렇게 많지 않았기에 사고사도 그렇게 많지 않았습니다. 이제는 도처에 죽음이 널려 있어 죽음에 대한 감각이 너무나 무뎌져 있습니다. 또 대량참사가 많아 한꺼번에 도매금으로 넘어가다 보니 죽음이 너무도 값싸졌습니다. 그 결과로 이승을 등진 영혼들의 사바에 대한 애착과 집착, 아쉬움, 안타까움, 슬픔 등이 너무도 처절히 느껴집니다. 또 코로나 등 질병으로 수백만이 갑자기 죽습니다. 너무나 죽음이 값싸지고 죽음에 대한 감각이 무뎌졌습니다.

영혼들의 아픔이 얼마나 클까 하는 참담한 슬픔이 이 글을 쓰게 된 동기입니다. 허공이 너무도 안타까움의 한숨으로 가득한데 진정 그들 후예들은 마음이 편할까요? 공기가 조금만 탁해져도 "공기가 너무 탁해졌어." 하고 미세먼지가 중국에서 날아오고 황사가 날아오는 것을 예보하는 판입니다. 허공의 비명과 선조들 영혼의 외마디소리, 안타까움의 탄식, 애절함 등에 대해서는 왜 전혀 무관심한가요?

박쥐만이 문제인가?

생명의 경시 등은 문제가 아닐까?

코로나가 정글에 있는 박쥐에서 인간에 옮겨 와 온 지구를 흔들고 인류의 삶을 온통 흔들어대고 있습니다. 정글의 바이러스만이 문제가 되고 있다는 사고방식은 대단히 안타까운 문제입니다.

에볼라바이러스, 신종인플루엔자, 사스, 메르스, 지카바이러스, 코로나 등 연타석 괴질 등이 반격을 해 오는데 그저 정글만을 탓하고 박쥐만 탓할 것인가요? 절대 그렇지 않다고 생각합니다. 전문가들은 인간의 탐욕을 지적합니다. 지구온난화뿐만 아닙니다. 정글이 파괴되고 야생동물이 대량 살육되면서 많은 미물중생들이 살 터전을 잃고 있습니다. 바이러스들이 인간을 공격하고 있는 현실만이 갖가지 팬데믹의 원인일까요?

중요한 원인 인자들로는 죽음에 대한 감각이 무뎌지고 생명을 경시하는 현상입니다. 인간의 끝없는 이기심으로 인한 개인적, 정파적, 국가적, 민족적, 종교적 갈등과 다툼으로 인한 무차별의 공격과 살육입니다. 박쥐만 중요합니까? 보이지 않는 세계에 대한 외경심 나아가서는 우리 모두의 근원이라 할 수 있는 조상님들, 허공에 대한, 하늘에 대한, 진리에 대한, 영원에 대한 외경심 등의 추락이 크나큰 문제입니다. 전혀 상대방을 귀중하게 대하지 않는 탐욕과 독심들이 인류를 노아의 방주, 아틀란티스의 재판으로 만들 것이 분명하다는 판단 때문에 이 같은 내용을 정리하게 되었습니다. 앞으로의 세계가 코로나로부터의 해방된 세계가 아니라 코로나로 인한 참회와 자성의 오늘과 내일이 되지 않는 한 인류의 미래는 불을 보듯 명확합니다.

"마음은 모든 일의 근본이로다. 마음은 주인이 되어 모든 일을 시키나니 마음 가운데 악한 일을 생각하면 그 말과 생각과 행동도 또한 그러하리라. 흡사 수레를 따르는 바퀴 자국과도 같이."

(법구경)

사형수들에게 마지막으로 항상 들려주는 얘기가 있었습니다.
"이 땅에서의 삶이 이렇게 끝나더라도 너무 안타깝게 생각하지 마세요. 우리는 죽어도 죽지 않습니다. 여기에서도, 다음 세상 저승에 가서도 당신의 참회를 보여주세요. 어차피 이렇게 끝날 인생이지만 분명 당신을 기다리고 있는 또 다른 세계가 있습니다. 그 세계로 나아갈 때까지 기도하는 마음으로 참회하고 하루하루를 의미롭게 사세요. 철창 가운데서라도 최선을 다하세요. 하나님과 부처님은 진정 당신의 죄를 안타까워하실지 모르지만 당신을 버리지 않으실 것입니다." 사형수인 모두에게 드리고픈 말씀입니다.

현실과 영원이 하나이다 Ⅱ

입자와 파동이
하나이다

색즉시공 공즉시색(色卽是空 空卽是色), 초등학생들도 알고 있는 불교의 대명사입니다. 모두 다 익숙한 구절이지만 과연 어떤 의미인지 이해하고 있는 분들은 얼마나 될까요? "눈에 보이는 모든 만상을 색(色)이라 하면 그들은 모두가 공(空)으로, 마음으로 이루어져 색(色)은 공(空)이요, 공(空)은 색(色)과 같다. 색(色)을 현실이라 한다면 공(空)은 영원이다."라고나 할까요. 무수한 설명이 가능할 것입니다. 공을 마음 또는 부처님이라고도 합니다. 허공이 부처님이요, 부처님이 허공이니까요.

그런데 요즘 너무도 많이 알려진 양자물리학 이론(quantum physic theory)에서는 '입자'와 '파동'이 하나라는 얘기를 합니다. 최소의 입자 중 하나라 알려진 전자(electron)를 연구하는 학자들에 따르면 기존의 뉴턴 역학이라거나 전자기학으로 도저히 설명되지 않는 참으로 미묘한 세계가 있다는 겁니다. 입자라 믿었던 전자가 파동처럼 행동한다는 겁니다. 반면 전자기파의 일종인 빛은 파동임에도 불구하고 입자 행세를 한다는 겁니다. 그게 무슨 대수냐구요. 입자이면서 파동이고 파동이면서 입자라면 당연히 색즉시공 공즉시색의 반야심경 가르침을 떠올리게 만듭니다.

이사명연무분별(理事冥然無分別), 생사열반상공화(生死般若常共和)의 가르침을 보세요. "눈에 보이지 않는 세계[理]와 눈에 보이는 세계[事]가 분명히 다르지만 분별이 되지 않는다."는 얘깁니다. 또 '생사와 열반이 항상 하나'라는 가르침입니다. 색즉시공 공즉시색에서와 같이 하나라는 겁니다. 색즉시공 공즉시색과 전혀 다를 바 없다는 가르침입니다.

유무상즉 허실상통(有無相卽 虛實相通)의 가르침도 마찬가지입니다. 유무는 하나요, 허실도 하나로 통한다는 뜻입니다. 작재심 앙재신(作在心 殃在身)이라, 짓는 것은 마음인데 재앙을 받는 것은 몸이란 의미입니다. 수학에서 등장하는 실수의 세계와 허수의 세계라고나 할까요. 허수가 실수가 되고 실수가 허수가 됩니다. 하나입니다. 몸과 마음이 하나로 통합니다. 유(有)와 무(無)가 하나로 통합니다.

빛이 되면 시공이 정지된다
영원이 된다. 지금도 영원이다

꿈속에서 곤경을 당하여 고통을 당하면 숨을 헐떡이고 힘과 맥이 빠집니다. 꿈은 환상인데 실제로 받는 것은 몸입니다. 매실 이야기를 들으면 입 안에 침이 고입니다. 하나입니다.

『장자』의 호접몽(胡蝶夢)의 예에서와 같이 꿈속에서 나비가 되어 신나게 놀았는데 여기가 꿈인지, 저기가 꿈인지 헷갈린다는 얘기입니다.

우리는 지금 여기 이 자리에서 살고 있습니다. 그런데 여기 이 자리가 현실이라 하지만 바로 이 자리가 입자 파동의 양자 이론에서와 같이 영원과 함께인 자리라는 것입니다. 여기는 시간과 공간의 세계인데 꿈속의 세계, 현실을 뛰어넘는 영원의 세계는 시간과 공간을 떠납니다. 시간과 공간이 정지된 세계입니다. 과학에서는 빛의 속도가 되면 시간과 공간이 정지되고 무한대가 된다고 합니다. 빛의 상대는 어둠이요, 무명입니다.

우리는 모두 무명을 헤매는 존재들입니다. 무지와 무명으로 반복된 행을 쌓아 식(識)을 만들고 무명의 소산인 그림자 같은 이 몸을 받았다고 말씀하셨습니다. 여몽환포영(如夢幻泡影)이라 하셨지요. 무명은 탐·진·치에서 나오고 무명의 시작은 알 수 없지만 끝은 알 수 있습니다. 깨달음, 앎의 순간 무명이 사라집니다. 깨달음이 빛이요, 광명이기 때문입니다.

잘 알려진 대로 무명은 빛을 가리운 상태요, 어둠이 별다르게 존재하는 것이 아닙니다. 물체가 빠르게 움직이면 속도가 느려집니다. 그래서 빛의 속도가 되면 시간도 공간도 사라지는 것입니다. 우리가 부처님 경계에서 항상 빛을 얘기합니다. 법성광명, 불성광명, 지혜광명, 자비광명, 대광명전, 대적광전, 대일여래, 유리광여래. 온통 부처님 세계는 빛의 세계, 광명의 세계입니다. 부처님 세계는 마음의 세계, 영원한 광명의 세계입니다. 현실의 세계를 살면서 몸과 마음을 던지는 기도 정진의 극에 이르면 광명의 세계, 부처님 세계를 만납니다.

신심이 있어야 한다
꼭 신심을 키워야 한다

영험의 세계를 만나기도 하고 선몽이라든지 태몽 등을 통해 미래를 만납니다. 또 조상님들의 영혼을 만납니다. 색즉시공 공즉시색, 현실과 영원이 따로 떨어진 세계가 아니라 입자와 파동과도 같이 바로 이 자리에 함께하는 것입니다. 현실과 영원이 하나이기에 죽음과 삶이 하나요, 생사일여(生死一如)요, 생사열반상공화입니다. 생사와 열반이 하나입니다. 눈에 보이는 세계와 보이지 않는 세계가 완연히 다른 것 같지만 무분별인 것입니다. 참으로 무상심심미묘한 것은 부처님 말씀과 양자과학이 하나로 만난다는 것이 너무도 신기합니다.

지금 우리 눈에 보이지는 않지만 우리 주변에 보이지 않는 세계의 무량한 영혼들, 영가들, 보이지 않는 존재들이 함께 한다는 사실을 믿지 않으려야 않을 수 없다는 사실입니다. 흡사 물이 수증기가 되어 허공에 가득히 우리와 함께 있지만 보이지 않는 도리와 같다고나 할까요? 흔히 "물은 모든 것을 알고 있다."는 얘기가 있지 않습니까?

우리가 살아 있다 합니다. 그러나 죽은 자들의 세계, 보이지 않는 세계가 바로 이 자리에 우리와 함께합니다. 시공을 떠난 영원 가운데 우리들의 인연 영가들이 우리들과 함께한다는 사실이 과학적으로 전혀 모순이 없고 부정될 여지가 없는 것입니다. 입자와 파동은 하나입니다. 색즉시공 공즉시색입니다. 현실과 영원은 하나입니다.

성불은 상대성의 극복입니다. 모두의 삶의 목적은 나를 비우고 타인을 돕는 것이요, 남을 잘되게 하는 것이 내가 잘되게 하는 것입니다. '영감(靈感)'은 텅 비어 있을 때 온다 하고 빛이 되면 인간과 신의 경계, 부처와의 경계가 사라진다는 것 등이 모두 양자과학의 가르침입니다.

인간의 마음 가운데 가장 문제가 되는 것은 개체인 '나[我]'가 있다[我相]는 것과 물질의 존재를 있다고 보는 착각입니다. 그 같은 가르침이 불경의 전편을 관통하고 있습니다.

산 자나 죽은 자나 잘되게 하는 것이, 조상 잘되게 하는 것이
내가 잘되는 비결

'무아상 무인상 무중생상 무수자상 법상 비법상' 등이 그를 얘기하는 것입니다. 업(業)이란 모두 이 같은 가르침을 따르지 않는 번뇌의 소산입니다. 앞서 말씀드린 아상(我相) 등에 기인하는 것입니다. 부정적 번뇌의 레코드(기록)에 해당하는 것입니다.

정녕 지금 이 순간도 정녕 극락, 천당, 지옥과 연결돼 있습니다. 죽은 다음 극락, 천당, 지옥이 열리는 것이 아닙니다. 지금 이 순간이 색즉시공 공즉시색, 입자와 파동의 양자론 가르침같이 하나입니다. 현실과 영원은 하나입니다. 조상 영가들과 우리도 여기 이 자리에서 하나입니다.

　우리는 누구나 우주적 회로를 지녔습니다. 우리는 인간이면서 무명인 부처요, 신입니다. 무명을 광명으로 반본환원(返本還源)해야 합니다. 구름은 하늘의 본성을 바꿀 수 없습니다. 하늘을 나는 새가 하늘을 날면서도 하늘을 모르듯 사람은 부처님의 품안인 무변 허공 가운데 살면서도 부처님을 모릅니다. 갖가지 재앙들, 코로나뿐만 아니라 많고 많은 괴로운 경계가 모두 인류의 마음 가운데 자신의 본질을 모르는 무명 번뇌 때문입니다.

　원력을 지닌 자들은 현실 가운데 영원을 생각합니다. 허공 가운데, 부처님의 몸과 마음 가운데 축복 아닌 것은 없습니다. 고통조차, 죽음조차 축복입니다. 고통은 우리를 성숙케 하려는 부처님의 지극하신 배려요, 우리를 단련시키고 강하게 만들려는 부처님의 선물입니다. 세상을 고통의 바다라 하신 이유는 고통을 헤쳐 나가는 법을 연마시키고 무명을 깨기 위해서입니다. 암으로 떠난 스티브 잡스의 얘기처럼 '죽음은 참으로 기가 막힌 발명품'입니다. 언제 어디서 어떻게 죽을지 아무도 모르게 만들어 놓은 이유는 그 어디나, 언제나 항상 영원이요, 허상이요, 환상인 때문입니다.

　지금 이 순간도 영원인 부처님께서, 하나님께서 모든 것을 지켜보고 계십니다. 그 같은 진실을 결코 놓치지 마세요. 모든 인연 영가들 역시 지금 이 순간 우리와 하나입니다. 그들도 지금 영원 가운데 한 배를 타고 항해 중입니다. 어디서 어떻게 무엇이 되어 있든 간에 우리와 하나입니다. 그 산 자든 죽은 자든, 누구든 도와야 하는 것이 우리들의 의무입니다. 우리 모두가 서로를 돕고 그들을 도와야만 합니다. 그래서 간곡한 마음으로 이 글을 쓰고 있는 것입니다.

정녕 입자와 파동이 하나이며 현실과 영원이 하나입니다. 삶과 죽음이 이 순간 하나이며 나와 무량한 인연 영가들, 보이지 않는 세계의 무량 인연 영가들이 하나입니다. 항상 색즉시공 공즉시색을 잊지 마세요. 기도, 천도는 그래서 우리 모두의 의무입니다. 백신(Vaccine)입니다.

2020년 구룡산 자락에서
지광 합장

인생은 너무 짧습니다.
그러니 살아있을 때 사랑해야 합니다.
죽음이 덮쳐오면 그동안 사랑해주지 못했던 점을
크게 후회하게 되니까요.

-「지광 스님의 영원한 광명의 길」* 중에서

* BBS 불교방송 문자 서비스,「지광 스님의 영원한 광명의 길」

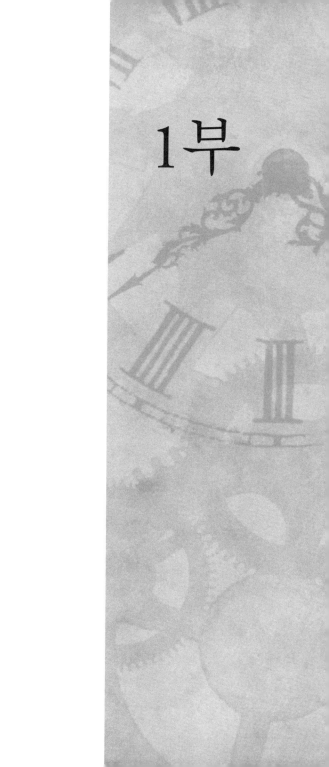

1부

1장

현실의 장

일체의 사람이 살고 있는 곳에는 모두 귀신이 있어 빈 곳이 없다. 뒷골목, 네 거리, 장터 및 묘지에도 다 귀신이 있어 빈 곳이 없다. 일체의 수목과 아주 작은 미물에도 다 귀신들이 의지해 있다. 일체의 남자나 여자가 처음 날 때에도 다 귀신이 있어 따라다니면서 옹호한다. 그가 죽으려 할 때 그를 수호하던 귀신이 그의 정기를 취하면 그는 곧 죽는다.

(세기경 도리천품)

물 한 방울도 사라지는 법이 없다

이 땅에 오기 전 우리는
많은 선험적 정보를 가지고 있었다

삶에 취해 사는 중생들은 죽음 다음의 세계에 대해 생각하기를 꺼립니다. 천당, 지옥이나 삼계육도, 윤회 등에 대해 그저 종교상에 등장하는 얘기려니 하면서 뜬 구름 잡는 헛소리로 치부합니다. 전생이니, 내세니 하는 개념들은 모두 자신과 관계가 먼 허무맹랑한 얘깃거리로 생각하며 별반 관심 없어 합니다. 지금 당장 살기도 힘겨운데 무슨 말라빠진 소리냐고 손사래를 칩니다. 삶이 워낙 힘겹다 보니 그 같은 항변도 이해는 갑니다. 그러나 깊이 생각해 보면 자신의 삶에 대한 자세를 되돌아보지 않을 수 없습니다. 생각해 보세요.

이 세상에 태어나면서 눈, 귀, 코, 혀, 몸, 마음(안이비설신의)의 감각기관이 나뉘어지는데, 사람들은 으레 그렇게 태어나는 것이려니 합니다. 하지만 조금만 깊이 생각해 보면 뭔가 새삼스럽게 느껴지는 점이 있을 것입니다. 감각기관이 생겨서 이 세상에 나온 것은 세상을 살아가면서 필요한 대상물 즉, 색깔, 소리, 냄새,

맛, 감촉, 대상(색성향미촉법) 등이 이미 존재한다는 사실을 예정한 것입니다. 태어나기 전 선험적인 어떤 정보들이 있었기에 그 같은 감각기관이 필요하다고 판단돼 만들어져 나왔습니다.

세상에 나오기 전 선험적이고 선재적인 정보가 있어야만 감각기관이 필요하다 판별해 낼 수 있을 것입니다. 선험적인 정보가 있었다는 사실은 무엇을 말할까요?

이 땅에서 체험한 정보들은 사라지는가
물방울 하나도 사라지지 않는데…

닥터 스포크(1903~1998)[2]는 자신의 논문에서 다음과 같이 보고하고 있습니다. 뱃속에서 갓 나온 아이의 입에 스포이트로 설탕물을 몇 방울 떨어뜨렸더니 기분 좋은 표정을 짓는 데 반해 레몬즙을 몇 방울 떨어뜨렸더니 찡그린 표정으로 울더라는 것입니다. 이런 실험을 토대로 하여 이 세상에 나오기 전 어떤 선험적 지식 내지 정보가 있었던 게 아닌가 추론하고 있습니다.

우리가 이 땅에 오기 전 선험적으로 알고 있는 정보들이 많다는 사실을 어떻게 생각하시나요? 유치원 등 교육시설에서 터득한 것은 얼마 되지 않습니다. 세 살, 네 살에 음악을 작곡한 천재들의 예가 한둘이 아니고, 태어나 얼마 안 돼 천자문을 줄줄 외우는 아

---

2 B. 스포크(1903~1998) : 미국의 육아혁명을 불러온 소아과 의사. 『스포크 박사의 육아법』 저자

이도 있습니다. 어떤 선험적 정보가 입력된 것이 아니고선 가능할 수 없는 일입니다. 전생 관계 책은 헤아릴 수 없이 많습니다.

여러 해 전 독일 신문에 보도된 내용에 따르면 최면상태에서 고대어를 말하던 어떤 여인의 선험적 정보를 바탕으로 고대 이집트어 문법책을 만들었다는 얘기는 무엇을 의미할까요? 이미 이 세상에 태어나기 전 남성의 선험적 정보가 없었다면 어떻게 남자로 나올 수 있으며, 여성의 선험적 정보가 없었다면 어떻게 여자로 나올 수 있을까요? 이 세상에 완전히 없어져버리는 것이 있습니까? 물 한 방울도 사라지는 법이 없습니다. 이미 수많은 선험적 정보를 바탕으로 현재가 이루어졌다면, 다시 이곳에서 체험한 정보들은 어떻게 되는 걸까요?

인생의 무한한 축복은 환생이요 반복이다

이 세상에 백퍼센트 죄가 있는 사람이 있을까요? 부처님께서는 시험점수가 나쁘면 재수, 삼수를 해야 한다고 가르칩니다. 아니 그보다 훨씬 더 많은 윤회의 기회를 통해 성불의 그날까지, 영원의 그날까지 완전해지도록 공부해야 된다고 가르치십니다. 인생 속에 겪게 된 불운이라든가 불행은 모두가 과거생에 지은 업으로 인해 받는 과보라 하지 않으셨던가요. 살아 있는 동안 시험을 잘못 치르고 죽는다면 그는 새로이 태어나 그 시험을 다시 쳐야 합니다. 진정한 자비심이란 기회를 또 주어 그가 마스터할 때까지 배려하는 것입니다. 그게 더 합리적입니다.

부처님의 자비는 끝이 없습니다. 하나님의 사랑은 끝이 없습니다. 부처님은 무한한 기회를 주십니다. 인생의 특별한 축복은 환생이요, 반복입니다. 한 생의 잘못으로 영원한 악도에 떨어진다는 것은 불합리한 잔혹함이 아닐까요? 지금 당장 조금씩이라도 영적인 진보를 도모한다면 그는 다음 번 삶에서 분명 앞으로 더 나아갈 수 있습니다.

윤회의 목적은
영원자의 길이다

육체는 영혼의 운반수단입니다. 의식이 있어야 육체는 숨을 쉬고 말하고 살아갈 수 있습니다. 마음은 기계를 작동케 하는 원동력과 같습니다. 공기가 향기를 운반하듯이 영혼은 한 육체에서 다른 육체로 옮겨집니다. 운전자 없이 차가 움직일 수 없듯이 육체는 영혼 없이 작동될 수 없습니다.

흡사 태양이 온 세상을 비추는 것처럼 우리 육신 속에 들어 있는 의식이 온 육체를 비추고 있습니다. 흐린 날에는 태양을 눈으로 볼 수 없지만 우리는 하늘에 태양이 있음을 압니다. 마찬가지로 직접적으로 영혼을 지각할 수는 없어도 의식이 있다는 사실을 통해 육체 속에 영혼이 들어 있음을 이해할 수 있습니다.

영혼은 육체라는 운송수단을 타고 공부 따라, 영적 진보의 정도 따라 우주의 곳곳을 돌아다닙니다. 여러 종류의 삶과 여러 종류의 별들로 영구히 여행합니다. 육신은 그때마다 아주 다른 형태를 취하지만 영혼은 도무지 사라지는 법이 없습니다. 물 한 방울도 사라짐이 없는데 정신이나 의식, 마음이 소멸되어 사라지는 것이 있을 법이나 한 얘기일까요? 세상 만유가 다만 모양만 바꿔 끊임없이 계속되는데 우리만이 한 인생을 살고 멸해 없어져 버리는 존재일까요?

부처님 말씀대로 마음은 불생불멸의 것이며 태어나고 죽음은 현실이 영원이 되는 그날까지 끝없이 계속됩니다. 이생에서의 선험적 정보는 내생으로 이어지며 경건한 행위에 의해서만 좋은 인과의 열매를 거둘 수 있습니다.

고통스러우면 고통스러운 대로,
부족하면 부족한 대로
나에게 주어진 지금 이 순간 사랑하세요.
바로 그 자리가 극락입니다.

－「지광 스님의 영원한 광명의 길」중에서

먼저 떠난 태아령들의 슬픔과 고통을 아는가?

낙태아들의 영(靈)은
살아 있다

법당에서 일하던 미화원 아주머니 이야기입니다. 법당에 오기 전, 병원에서 미화원으로 일하셨다는데, 낙태아를 치우는 일을 맡아 했다고 했습니다. 그런데 하루는 쓰레기처럼 치워버리기가 어려운 낙태아기가 있었답니다. 사람 모양을 완전히 갖춘 낙태아라서 도저히 그냥 버릴 수가 없었다는군요. 그래서 보자기에 싸서 동네 뒷산에 묻어주며 "금생에는 좋지 못한 인연으로 이렇게 떠나게 됐으니 좋은 데로 가서 다음 생에 좋게 태어나라."고 기도해 주었다고 합니다. 그런데 그날 저녁 꿈에 수십 명의 발가벗은 아이들이 "아줌마, 나도 그렇게 해줘. 아줌마, 나도 그렇게 해줘." 슬피 울며 신신당부하더라는 겁니다. 그 꿈을 꾼 후 병원을 그만두고 법당으로 오게 되었답니다. 아주머니는 제게 정말로 아기 영혼들이 자신에게 부탁한 것인지, 아니면 아주머니 마음속의 부정적인 생각이 그런 꿈을 꾸게 한 것인지 물었습니다. 그래서 두 가지 다일 것이라고 말씀드렸습니다.

낙태는 우리 눈에는 보이지 않는 참으로 부정적인 원결을 맺게 합니다. 사람 몸 받기가 바다의 거북이가 백만 년만에 한 번 나와 물 위에 떠다니는 나무 구멍을 통해 숨쉬는 것보다 어렵다는데 사람들은 그 같은 사실을 제대로 인식하지 못하는 예가 다반사입니다. 태어나지 못하는 아이가 태어나는 아이의 두 배가 넘는다는 보고도 있습니다. 양수 속에서 놀던 아이가 날카로운 수술기구가 들어가면 이리저리 도망 다니는 동영상을 본 적이 있습니다. 강한 흡입의 도구로 그런 태아를 뽑아버리는 것입니다. 온몸이 일그러진 낙태아의 모습은 참으로 처참합니다.

태아령을 위해 간절히 참회하라
기도하라

낙태아도 생명이었기에 최소한의 예의를 갖추는 것이 생명에 대한 도리이건만 대부분이 그렇지 못합니다. 일본에서는 낙태아를 천도하는 의식이 있습니다. 피치 못하게 낳을 수 없는 상황일 경우 화장을 해 작은 도기에 담아 낙태아의 시신을 전문적으로 처리하는 용역회사에 넘겨줍니다. 화장하여 지정 사찰에 봉안한 후 낙태아 영가의 천도불공을 꼭 올립니다.

이미 수많은 조사 결과가 나와 있습니다. 낙태의 경험이 있는 여인의 자녀들 가운데 무기력감과 자살충동을 느끼고, 고독해 하고 어두운 곳을 좋아하고 부모를 미워하며 돈을 마구잡이로 낭비하는 경우가 많다는 보고가 있습니다. 낙태아와 인연될 뻔한 살아 있는 형제들의 의식이 부조화 상태일 수 있다고 보고되고 있는 점입니다. 중절 경험이 있는 여인들 가운데 정상적이지 못한 아기가 태어날 확률이 높다는 통계도 있습니다. 진정 낙태 영가의 천도는 선망부모·조상 천도 못지않게 중요하다는 사실을 잊어서는 안 됩니다.

낙태의 경험이 있는 어머니들의 경우, 진정으로 참회하는 마음가짐이 중요하며 "내가 어리석어 참된 길을 몰라 죄를 지었다. 부디 모든 것을 용서하고 불보살님의 자비광명 속에 행복의 나라로 나아가라. 부처님, 지장보살님 제가 잘못했습니다. 부디 죄 없는 이 영가를 인도하소서."라고 진심으로 기도해야 합니다. 진정 낙태 영가들이 얼마나 지중한 인연인가를 깊이 생각해야 합니다.

태아령들의 저주가
작용함을 아는가

낙태를 여러 번 한 어느 보살의 아들이 커가면서 말을 하지 못했습니다. 그래서 스님의 얘기를 듣고 매일매일 참회의 기도를 한 시간씩 했습니다. 그랬더니 세월이 흐르면서 아들의 말문이 조금씩 트이더라는 얘기를 들은 적이 있습니다.

분명히 아기를 지우는 것은 크나큰 원결을 맺는 첩경이 됩니다. 자연히 자신의 건강과 가족의 건강에 문제가 생길 수 있습니다. 태아령 천도를 통해 꼭 참회하는 마음으로 그들의 왕생을 도모해야 합니다. 이 땅도 부처님 나라이고 영계의 연장선상에서 영혼들이 공부하러 오는 절호의 기회를 박탈했으니 얼마나 마음이 아플까요? 또 원망스러울까요?

어느 보살님 얘기를 하나만 더해야겠습니다. 능인선원에 나오는 친구가 법당에 데려왔습니다. 피골이 상접해 뼈밖에 남지 않았습니다. 스스로도 얼마 못 살 것이란 얘기를 했습니다. 3년 전부터 밤에 잠 한숨을 못 잔다는 얘기였습니다. 악몽에 시달리고 눈을 붙이기만 하면 누가 목을 누른다는 것입니다.

그래서 "아기를 지운 적이 있느냐?"고 물었습니다. 그랬더니 다섯 번이나 아기를 지웠다는 것입니다. 그러다가 3년 전에 자궁에 이상이 생겨 자궁적출수술을 했는데, 그 후로 밤에 잠이 오지 않고 갖가지 악몽에 시달리며 지금 같은 상황이 되었다고 합니다.

원혼들의 원결을
풀어야 한다

꼭 이 세상 빛을 보아야만 할 인연인데 함부로 생명을 제거한 결과, 그 과보를 받게 된 것입니다. 매일 법당에 나와 "잘못했습니다. 부디 마음 돌리고 좋은 데로 가서 다시 태어나십시오."라고 간절한 마음으로 기도하게 했습니다. 기도 중에 때를 잡아 천도재를 올려보자고 했습니다.

약 8개월에 걸쳐 본인 스스로가 노력한 결과 지금은 쾌차해 정상 생활을 하고 있습니다. 세상의 이치를 생각해 보십시오. 애착이 큰 것만큼 관계가 악화됐을 때 오히려 상대를 괴롭히는 경우를 자주 보게 됩니다. 인간의 마음이 그대로 계속되는 영혼의 세계도 그 같은 원칙이 동일하게 적용됩니다.

　사랑의 집념을 안고 있는 낙태아나 부부, 부모형제의 원혼들이 상대를 괴롭히는 예가 다반사입니다. 사랑이란 서로를 살리기도 하지만 변질될 경우 사람을 죽이기도 합니다. 죽어 영혼의 상태가 되면 맺힌 것만 남는다고 합니다. 괘씸한 생각, 섭섭한 생각, 못다한 미련 등의 응어리만 남는다고 하지요.

　이런 어려운 문제는 인과의 당사자가 풀어야 합니다. 진정한 참회를 해야만 하고 그 같은 원혼들은 떼어 내려고 애쓸 게 아니라 구제해 주어야만 합니다. 정성을 다해 참회해야 합니다. 모든 존재가 자신의 영역을 지키며 살지만 원혼들은 법을 모르고 법을 어기고 자신의 테두리를 넘어 산 자의 영역을 침해하기 때문입니다.

　해원결진언 '옴 삼다라 삼다라 가닥 사바하'를 독경하지 않던가요?

현실은 도(道)를 닦고 있는 과정

**지금도 우리 두뇌에는 계속
새로운 회로가 만들어지고 있다**

두뇌에는 1천억 개 이상의 두뇌세포가 있답니다. 각각에 1만 개에 가까운 시냅스(연접)라고 부르는 신경접합 부위가 있습니다. synapse란 syn(함께)이라는 말과 haptein(연결하다, 결합하다)이라는 말의 합성어로, 한 뉴런에서 다른 뉴런세포로 신호를 전달하는 연결지점, 접합부를 의미합니다. 1천억의 1만 제곱을 생각해 보십시오. 그 숫자를 상상이나 할 수 있겠습니까? 2^1은 2이고 2^6은 32입니다. 2^{100}은 얼마일까요? 1천억의 1만 제곱은 상상을 초월합니다.

미국 오바마 대통령 재임 당시, 두뇌세포 스캐닝을 통해 유전자 지도와 유사한 두뇌세포 지도를 만드는 데 수십억 달러의 예산을 정부가 지원하겠다고 공언했습니다. 이후 미국 내 두뇌공학자들은 모두 들떴습니다. 어마어마한 예산도 매혹적이기는 하지만 그에 못지않게 전 인구의 반이 치매증상 등 갖가지 정신질환 증상을 보인다는 사실 때문에 무언가 해결책이 나오지 않을까 비상한 관심을 불러 모았습니다. 그런데 연구가 진전될수록 연구자들 모두 두뇌의 대단히 복잡한 구조에 놀라움을 금치 못했다는 보도가 잇따랐습니다. 1천억 개의 뉴런에 1만 개의 시냅스가 만드는 연결통로가 수천 조 이상이라 하니 참으로 상상을 초월하는 가공할 두뇌 신경 시스템이라 아니할 수 없습니다.

그런데 그 같은 통로를 지금도 계속 만들어 가고 있으며 과거에 만들어진 무한에 가까운 회로들이 무작위로 연결돼 있어 그 시스템의 내용을 제대로 파악하는 것이 과연 가능할까 하는 의구심을 표출하고 있습니다. 지금도 주변 환경과 상호작용하면서 두뇌의 특정 부위가 계속 만들어지고 강화되고 있다는 것입니다.

지금도 두뇌는 선도(善道)와
악도(惡道)를 닦고 있다

학자들은 오리의 예를 들어 인간의 두뇌세포의 회로 간 형성을 설명합니다. 참으로 놀랍게도 오리 알에서 부화된 오리 새끼가 수천 마리의 오리들 가운데에서 정확히 자신의 어미를 찾아낸다는 것입니다. 학자들이 너무도 놀라 과연 어떤 이유로 그 같은 일이 가능할까 조사했습니다. 그랬더니 새끼오리가 알을 깨고 나오자마자 어미오리와 한동안 서로 바라보며 눈을 맞추더라는 것입니다. 혹시 그 같은 눈 맞춤이 어미와 자식 간의 소통의 의식이 아닐까 싶어 부화를 앞둔 오리 알을 연구실로 옮겨 부화시켰습니다. 껍데기를 깨고 부화한 오리 새끼들과 학자들이 어미오리와 새끼오리들이 눈을 맞춘 것과 똑같이 한동안 눈을 맞추었더니 놀라운 일이 벌어졌습니다.

새끼오리들이 수천 마리의 오리들을 제쳐놓고 그들 가운데 서 있는 학자들만 쫓아 따랐습니다. 알에서 태어나자마자 학자와의 사이에 무엇인가 알 수 없는 회로, 즉 끈이 생겨난 것입니다. 새끼오리들은 학자들을 어미로 생각한 듯했습니다. 새끼오리의 두뇌 가운데 사람과의 긴밀한 유대가 형성된 것입니다.

이를테면 두뇌 속의 회로가 태어나자마자 새로이 형성된 것이지요. 문자 그대로 태어나면서 주변 환경에 상호 반응하면서 계속 두뇌 회로가 짜이는 것입니다. 우리가 선한 일을 하면 선한 방향으로 시냅스가 걸리고, 악한 일을 보거나 듣거나 생각하거나 행동한다면 악한 쪽을 향하는 시냅스가 형성되는 것입니다.

우리는 선심(善心)으로
모든 상황을 받아들여야 한다

우리는 매일매일 말하고 생각하며 행동합니다. 선한 쪽으로의 말, 생각, 행동일 수도 있고 그 반대쪽으로의 경우일 수도 있습니다. 그때마다 뜻이 있는 곳에 길이 있다 하듯 길이 만들어집니다. 선도(善道) 또는 악도(惡道)가 바로 이 같은 경로를 통해 열리는 것입니다.

사람들은 죽으면 무언가 또 다른 사후 세계가 있는가, 천당과 지옥이 진정 있는가에 대해 명쾌한 이해와 해답을 내리지 못합니다. 의구심 속에 살아가는 경우가 대부분입니다. 종교를 가진 사람들은 좀 낫다 싶지만 그들 가운데도 사후세계를 미심쩍어하는 사람들이 있습니다.

우리는 모두 이 세상을 떠납니다. 반드시 떠나야만 되는 이곳엘 왜 왔는가, 고통스런 이곳엘 말입니다.

부처님 말씀대로 우리는 태어나면서 지구라는 학교에 입학했습니다. 죽음은 지구학교의 졸업입니다. 그러나 이 세상 공부를 제대로 마치지 못했다면 다시 태어나 계속 공부해야만 합니다. 우리는 이곳에서 자비심을 강화하고 사랑을 돈독히 키워야 합니다.

그런데 세상을 통해 배운 영적 가르침과 그 의미를 제대로 터득하고 있을까요? 우리는 이 땅에 오기 전 탁월한 스승들과 플랜을 짜고 나서 계획에 따라 이 땅에 왔습니다. 부모를 만난 것 역시 이 땅에 오기 전 전생 업에 따라 만나도록 계획된 것입니다. 인연법 따라 인과법 따라 계획된 것입니다. 삶에서 맞닥뜨리는 다양한 상황을 따라 과거 생의 업이 현현되는 운명적 순간! 사랑의 마음으로 받아들이고 영적 체험과 가르침을 온전히 체득해야 합니다.

우리는 모두
불멸의 존재이다

우리는 이 땅에 경쟁하러 온 것이 아닙니다. 내가 가야할 길이 있기 때문에, 또 그들도 가야할 길이 있기 때문에 이곳에 왔습니다. 서로간에 경쟁이나 경주하기 위해 온 것이 아닙니다. 이 세상 사는 동안 끊임없이 우리를 보살피는 저 편에 영혼의 친구, 영적인 가족이 있습니다. 그들은 우리가 나아갈 길을 안내해 주고 사랑으로 보살펴 줍니다.

우리가 이 세상을 떠날 때 가져갈 수 있는 것은 오로지 이번 생에서 베푼 공덕과 수행력, 그리고 경험과 체험을 통해 얻은 지혜뿐입니다. 우리의 참된 행복은 권력과 명예에서 나오는 것이 아닙니다. 지혜와 사랑에서 비롯되지요. 행복은 나에 대한 바깥세계의 평가에서 오지 않습니다. 내 안에서 펼쳐집니다. 질투심은 독약과도 같습니다.

우리가 물질 세상에 태어난 것, 이 세상을 체험하는 것은 고통스런 시험과도 같습니다. 그러나 이 세상을 헤쳐 나가며 용기를 잃어서는 안 됩니다. 우리 모두는 불멸의 존재이며 결코 죽음으로 끝나는 존재가 아닙니다.

우리가 존재하는 순간을 제외하고
다른 영원은 없습니다.
오늘이 가장 행복하고 즐거운 날입니다.

－「지광 스님의 영원한 광명의 길」 중에서

지금도 천당 지옥을 드나들고 있다

**한 생각[一念] 가운데
우주가 들어 있다**

마음의 세계에는 장벽이 없습니다. 마음의 세계는 시간과 공간을 초월한 세계입니다. 광대무변한 우주가 하나라 할 때 그것은 마음이 하나의 세계를 형성하고 있기에 가능한 일입니다. 『법화경』에 보면 '일념삼천(一念三千)'이라는 말씀이 등장합니다. 이는 광대무변한 우주 삼천대천세계가 한 생각 따라 전개되는 세계라는 뜻입니다. 한 생각 속에 삼천대천세계가 들어 있다는 말씀입니다. 한 생각 맑고 청정하면 그와 같은 세계를 향하게 되고, 한 생각 어두우면 어두운 세계로 향하게 된다는 가르침입니다.

『화엄경』에는 '일념즉시무량겁(一念卽是無量劫)이요, 무량원겁즉일념(無量遠劫卽一念)'이라는 가르침이 등장합니다. 이 말씀은 한 생각 잘 쓰면 무량겁을 단축시킬 수도 있고, 한 생각 잘못 다스리면 무량겁을 두고 고생할 수 있다는 의미이기도 합니다. 또는 한 생각이 영원과 무량겁과 통하며 영원과 무량겁이 한 생각과 통한다는 뜻으로 받아들여지기도 합니다. 일념만년(一念萬年)이란 의미도 같은 차원으로 해석됩니다. 지금 이 순간이 영원이요, 영원이 바로 이 순간이란 뜻입니다.

한 생각이 이와 같이 무량한 삼천대천세계를 머금을 수도 있고, 영원을 머금을 수도 있다는 사실은 참으로 시사해 주는 바가 큽니다. 우리의 삶 가운데 한 생각의 의미가 얼마나 중요한가 하는 사실을 참으로 진지하게 고려해 보아야 할 당위성이 여기에 있습니다. 한 생각의 차이에 따라 우리는 지옥에도, 천당에도, 극락에도 몸을 맡기게 됩니다. 한 생각의 차이에 따라 우리는 지금 이 순간 얼마든지 지옥에 떨어질 수도 있습니다.

당신은 지금도 지옥을
드나들고 있다

많은 사람이 "당신은 지금도 매일같이 무시로 지옥을 드나들고 있다."라고 얘기하면 이상스레 들어 넘기실 것입니다. 그저 이 세상을 등진 다음에 지옥에 가든지 천당에 가게 될 것인지가 결정된다는 생각이 가득합니다.

도대체 우리의 삶이 끝나는 시각이 언제쯤인지 알고 계시는지요? 우리의 생명이 한 백 년쯤 지나야만 끝날까요? 한 이십 년쯤 지나야 끝이 날까요?

부처님께서는 "한 찰나간에도 9백 번 죽고 산다."고 하셨습니다. 한 생각이 생겨나고 사라지는 순간에 죽음과 삶이 교체된다

하셨습니다. "한 생각이 바뀌면 내생"이라고도 했습니다. 죽음과 삶은 바로 이 순간에도 교차되고 있습니다.

지금 이 순간에도 우리는 무시로 지옥을 드나들고 있습니다. 몇 가지 예를 들어보면 쉽게 이해할 수 있을 것입니다.

현재 살아 있는 미국의 저명한 정신과 의사 레이몬드 무디[3] 박사가 쓴 책(*Life After Life*: 잠깐 보고 온 사후의 세계)에 보면 대단히 흥미로운 얘기가 등장합니다. 무디 박사는 어떤 계기를 통해 환자들 가운데 의사가 사망 확인을 한 임종자들 중 기적적으로 다시 소생한 예들을 십여 년간 200여 케이스를 수집, 분류해 삶과 죽음의 능선을 펼쳐 보인 노작으로 세계적인 명성을 얻고 있는 사람입니다.

무디 박사의 보고서 가운데는 참으로 의미심장한 내용이 들어 있습니다. 그 중에는 놀랍게도 지옥에 다녀온 사람들의 예가 보고되고 있습니다. 어떤 흉악범이 다른 사람의 차를 훔쳐 타고 고속도로를 달리던 중 다른 차와 충돌해 그 자리에서 숨졌는데 병원으로 옮겨져 시체실에 들어가 있던 중 기적적으로 소생한 것입니다. 그는 소생하자마자 몸부림을 치며 외치기를 "다시는 죽고 싶지 않아! 다시는 죽고 싶지 않아!"라며 공포에 질려 소리를 지르더라는 것입니다.

무디 박사가 그를 찾아 얘기를 들은 결과, "콜타르와도 같은 액

---

3 R. 무디(1944~) : 『*Life after life* : 잠깐 보고 온 사후의 세계』의 저자. 죽었다 깨어난 사람들의 경험을 책으로 묶어 세계적인 베스트셀러를 낸 철학자, 의사

체가 부글부글 끓고 있고 키가 장대한 존재들이 수도 없이 많은 사람을 거꾸로 들어 그 끓는 가마솥에 넣었다 뺐냈다 하는데, 그 고통의 비명이 온 천지를 뒤덮는 듯했고 자신은 그 순서를 기다리다 어쩐 일인지 살아났다."는 것이었습니다.

악몽, 흉몽 등은
지옥과 연결돼 있는 수가 많다

하나만 더 들어보면 칼 구스타프 융[4]이라는 심리학자의 얘기입니다. 융은 집단적 무의식(Collective Subconsciousness)을 연구하면서 인류의 공통적인 꿈을 조사했습니다. 그는, 이를테면 낭떠러지에서 떨어지는 꿈 같은 것은 인류가 공통으로 꾸는 꿈이라고 밝히고 있습니다. 또 무서운 괴수에게 쫓긴다든지 시커먼 굴 속에서 갖가지 요괴나 악귀들에 의해 가위눌리는 등의 흉몽 내지는 악몽도 인류 모두가 공통으로 꾼다는 사실도 밝혀냈습니다. 실제로 우리는 대단히 무섭고도 공포에 압도되는 등의 가위눌리는 꿈을 꾸는 경우가 많습니다.

부처님께서는 『지장경』, 『염처경』 등에서 이와 같은 무서운 흉몽을 꾸는 경우 대부분 지옥 문전이거나 지옥 깊숙이 들어가 있는

---

4   C. G 융(1875~1961) : 스위스의 정신의학자로 분석심리학의 개척자. 집단 무의식의 이론을 세워 잠재의식을 얘기한 S · 프로이드와는 다른 심리의 세계를 개척했다.

경우가 대부분이라 말씀하셨습니다. 한 생각 강박의식 내지는 죄의식 등으로 인해 불안, 초조 등의 마음이 될 때 그 같은 꿈을 꾸게 되는데, 그 경우 지옥의 경계에 들어서게 되는 것이라 말씀하셨습니다. 우리가 흔히 마음이 괴롭고 아플 때 "사는 게 지옥 같아."라고 말하는데 이 같은 마음이 곧바로 그들을 지옥으로 안내합니다.

우리는 모두 언제 어느 경우에건 무시로 지옥을 드나들고 있다는 사실을 잊지 말아야 합니다. 한 생각 바로 돌려 얽힌 번뇌를 끊어내야만 합니다. 우리는 지금도 무시로 지옥을 드나들고 있습니다. 그래서 부처님께서는 업으로 태어난 우리는 대개 그릇된 삶을 살기에 열 중 아홉은 지옥으로 간다고 말씀하셨습니다.

만약 여러분의 선조 가운데 지옥에 간 분이 있다면 어떠할까요? 분명 그 가정이 평안할 리 없을 것입니다. 지옥에 간 선조들의 그 무서운 고통으로 자손들이 갖가지 어려움을 당할 것은 불을 보듯 자명합니다. 선조들의 영혼이 참혹한 고통 가운데 구제를 요청하는 대상은 아마도 유족들일 수밖에 없을 것입니다. 한 생각으로 우리 모두 연결돼 있기 때문입니다.

우주 만유는 저마다의 향기를, 파동을 발사한다

만상은 저마다의
소리를 낸다

모든 사람은 저마다의 분위기를 지닙니다. 그 분위기는 마음을 갈고 닦음에 따라 변해 갑니다. 계향, 정향, 혜향 하지요. 사람뿐만 아니라 모든 물질도 자신의 파장을 냅니다. 이른바 반감기라 하는 것이 있어서 소멸되어 가는 기간 동안 파장을 발사합니다.

생겨난 모든 것이 저마다의 소리를 내고 있다는 부처님 가르침은 이를 두고 하는 말입니다. 산천초목이 모두 저마다의 소리를 내는 것이지요. 이 우주에 죽어 있는 것은 아무것도 없습니다.

그런데 모든 물건이나 만상에서 뿜어내는 파동 가운데 우리 몸에 좋은 파장이 있는가 하면 우리 몸에 크게 해가 되는 파장도 있습니다. 원자력 발전소 주변에서 야기되는 몸에 치명적인 방사선이 그것이지요. 어디 그뿐인가요? 유해 전자파도 마찬가지 차원이라 할 수 있습니다.

사람들 가운데도 마찬가지입니다. 나에게 좋은 마음을 지닌 사람은 좋은 파장을 발사합니다. 그 반대의 사람은 부정적 파장을 발사합니다. 흔히 살기(殺氣)를 띤다, 적의(敵意)를 느낀다 등이 그를 의미합니다.

보통 사람들도 그 같은 것을 느끼는데 부처님께서는 오죽하실까요? 특히 『법화경』에는 마음을 갈고 닦는 사람들이 느끼는 파장의 세계에 대해 적나라하게 말씀하고 있습니다. 끊임없이 정진해나가는 사람과 그렇지 못한 사람의 분위기가 전혀 다르다는 것입니다. 뿐만 아니라 이 땅에 살면서도 저 하늘나라 천인들의 생활과 그들 세계의 꽃향기까지 모두 감지해낼 수 있다 하셨습니다.

『법화경』「법사공덕품」에 등장하는 부처님의 가르침을 들어봅니다. 진정 이 같은 가르침을 통해 우리의 수행정진이 얼마나 중요한지를 알 수 있습니다.

**개가 지닌 능력을
생각해 보라!**

"이 땅에서 부처님 말씀을 열심히 받들어 정진하는 사람들은 이 땅에 있으면서도 천상의 여러 꽃들 만다라꽃, 만수사꽃 등 하늘나라 모든 나무들의 냄새를 맡아 모두 알며, 천상의 여러 궁전 상중하의 차별 따라 모두 분별할 수 있다. 천신들이 즐겁게 지내는 것을 모두 감지할 수 있으며 천녀들이 유희하는 것도 모두 분별해 알 수 있다.

천인들이 선정에 들고 나옴을 이 땅에서도 모두 감지해 알 수 있으며, 많은 스님이 수행 정진하는 것 역시 모두 알아낼 수 있으며, 남을 위해 설법하는 것 역시 모두 감지할 수 있으며, 중생들이 가르침 따라 수행하는 것과 부처님 말씀 따르는 것을 모두 다 알 수 있다. 또한 몸에 지닌 귀한 보배, 땅속에 묻어둔 보물이나 전륜성왕의 궁전에 있는 아름다운 궁녀들의 향기를 맡아 모두 알 수 있으며 거칠고 넓은 들판의 사자, 코끼리, 호랑이, 이리, 들소, 물소 등의 몸에서 나는 체취를 맡아 모두 안다.

임신한 여인의 몸 속 아이가 남아인가, 여아인가, 성별이 애매한가, 귀신인가, 아닌가 등 역시 모두 그 향기를 맡아 알 수 있다."

이같이 수행이 튼튼하고 부처님 말씀을 열심히 따르는 사람들은 모든 만상의 기운을 읽을 수 있습니다.

흔히 개가 지닌 특수한 후각을 말합니다. 보통 사람들이 감지하지 못하는 기운을 느껴 범인을 찾아내는 데 개가 동원됩니다. 또한 개가 허공을 보고 짖어대는 경우 보이지 않는 존재들을 감지하는 능력이 있는 것이 아닌가 얘기하기도 합니다. 사람들에게도 그같은 능력이 없을 리 없습니다. 다만 가려져 발휘되지 않을 뿐입니다.

당신은 영혼의 저주를
불식시켜야 한다

저주의 기운까지 알아낼 수 있는 능력이 있다 하듯, 보이지 않는 존재 역시 어떤 기운을 방사하고 있는데, 다만 우리가 감지하지 못하고 있을 뿐입니다. 『관음경』에도 원가주살(怨家呪殺)이라는 말씀이 등장합니다. 원한의 대상을 주문의 위신력으로 살해한다는 것입니다. 밀라레빠⁵가 그랬다지요.

우리의 마음 가운데 불생불멸의 실체가 있다 하고 마음이 어떤 기운을 내뿜는다 하면 우리에게 좋은 마음을 지니고 돌아가신 분들은 우리에게 음으로 양으로 좋은 영향력을 행사할 것입니다. 반대로 부정적인 마음을 가지고 있다면 그들의 영향력 역시 부정적으로 작용할 것입니다. 그런데 부정적인 마음이 아니라 하더라도 산 자에 대한 애착과 미련이 그릇된 영향력을 행사할 수 있음을 경전은 밝히고 있습니다. 사람만이 그런 것이 아닙니다. 죽어가는 생물, 동물, 미물 중생의 마음은 어떨까요? 코로나, 메르스, 사스, 지카바이러스 등이 모두 동물들과 연결돼 있다 합니다. 느껴지시는 게 없습니까?

---

5   티벳의 위대한 수행자. 흑마술을 연마. 자신의 친척 등 수십명을 주문으로 살해한 전력을 가짐

우주의 암

세포 하나는 전 우주와
통해 있다

세포는 마이크로(micro)의 세계입니다. 그런데 세포를 연구하는 학자들은 작고 작은 세포 하나를 가리켜 소우주라 부릅니다. 세포 내에는 태양에 해당되는 핵이 있고 갖가지 공장과 발전시설, 거기에 환경폐기물 처리장까지 완비된 참으로 엄청난 우주랍니다. 그런데 더욱 놀라운 사실은 세포 하나가 전 우주와 연관을 맺고 있다는 것입니다. 그 작은 세포가 우주와 연관을 맺고 있다니 우스운 얘기 아닌가 하실 분들이 있을 것입니다. 더욱 놀라운 사실은 세포 내에도 천국과 지옥이 있다는 것입니다. 이와 같은 사실이 밝혀지면서 우리의 삶이 어떠한 것인가에 대해 경탄을 금치 못하는 세계적인 석학들이 늘어나고 있습니다.

가만히 한번 생각해 보시기 바랍니다. 유전자공학의 발달은 우리 몸의 세포 하나하나가 곧바로 생명체로 커나갈 수 있음을 밝혀줍니다. 핵 속에 들어 있는 유전자들은 문자 그대로 인간을 만드는 모든 정보가 충분히 들어 있습니다. 이 점은 현대과학이 실증해 주고 있습니다. 모두가 선조에게서, 부모에게서 받았고 자식들에게 영원히 연결됩니다.

그런데 유전자 속에 오장육부를 만들어 내고 두뇌와 갖가지 장기를 만들어 낼 수 있는 능력이 있다면 분명 세포 하나는 그 자체로 우리 몸의 모든 장기와 철두철미하게 연결돼 있다는 사실을 의미합니다. 세포 하나는 매우 작지만 우리 몸 전체를 관통하는 메커니즘을 지니고 있습니다. 우리 몸을 구성하는 어떤 세포도 동일한 능력을 가지고 있다는 사실은 무엇을 의미할까요?

세포 하나가 우리 몸과 연결돼 있고 우리의 몸과 마음은 부처님의 분신이어서 전 우주와 연결을 맺고 있으니 하나의 세포가 전우주와 연관을 맺고 있다는 사실이 결코 이상스러울 것이 없습니다. 진실로 세포 하나는 전 우주와 통해 있습니다. 부처님께서 말씀하신 대로 일미진중함시방(一微塵中含十方)의 도리는 이렇게도 증명됩니다.

어두운 마음의 영가들은
우주의 암이다

현대 제반 과학들 특히 현대 의학은 우리 몸의 유기적인 연관성이라든가 동양의학의 인체 내 유기성 등을 소홀히하고 도외시하는 부분이 없지 않습니다. 국소적인 부분에만 매달립니다. 모두가 하나라는 사실을 깨닫지 못하고 있습니다.

많은 난제가 쏟아져 나오고 있음에도 현대 의학이 속수무책인 것은 바로 이 때문입니다. 그래서 부처님의 가르침이 중요하고 동양의 지혜가 중요하고 마음의 역할이 대단히 중요합니다. 마음을 갈고 닦는 일의 의미가 진실로 중요하고 또 중요한 것입니다. 마음을 갈고 닦으면 몸의 모든 세포는 저절로 활력을 찾습니다. 마음이 어두우면 세포들은 당장 문제를 초래합니다. 세포들에게도 지옥이 있다는 사실을 말씀드렸습니다. 유전인자의 잘못으로 암에 걸리는 세포를 보십시오. 왜 미세한 유전인자에 잘못이 초래될까요?

암세포는 문자 그대로 어둠의 세포입니다. 몸과 마음을 지옥으로 만드는 지옥세포입니다. 결국 생명을 나락으로 몰고 갑니다. 암세포는 공기가 들어오지 않는 곳에, 갖가지 통로가 차단되고 영양공급이 차단된 곳에서 생겨납니다. 세포 자체를 지옥으로 만들고 몸 전체를 지옥으로 만듭니다. 막혀서 그런 겁니다.

세포라는 이름의 대우주성을 망각한 사람들의 행로는 이다지 비극입니다. 세포 하나는 진실로 우주입니다. 부처님의 분신입니다. 그들을 부처님으로 섬겨야 합니다. 그들에게도 부처님의 가르침은 펼쳐져야 합니다. 그들에게도 수행은 절실히 중요합니다. 어두운 마음으로 살다 어두운 마음으로 떠난 영가들 역시 우주의 암입니다. 지옥입니다. 악도입니다.

세포 하나가 우주인데 현대 의학은 멋대로 잘라내고 멋대로 부처님 몸을 다룹니다. 결과는 참담합니다. 열심히 공부해서 의사가 된 사람들이 생명의 원리를 제대로 모른다면 비극입니다. 현대인들은 생명의 원리도 모르는 채, 계속 어둠으로 몰리고 있습니다. 자신이 어두우니까 남들도 어둠으로 몰아가고 있는 형국입니다. 코로나를 보세요.

대우주의 원리는 그를 이용하는 자들에게
무량한 혜택을 베푼다

과거 쑥뜸연구소를 내고 쑥뜸을 가르치면서 느낀 점이 하나 있었습니다. 한의원에서 하는 간단한 시술 방법이지만 부처님의 도리 그 자체입니다. 전체 몸의 모든 세포의 통로를 열어 막힌 곳을 뚫어줍니다. 그리고 그 길을 통해 새로운 기운을 불어넣을 뿐입니다. 그런데도 참으로 놀라운 일이 한둘이 아닙니다.

대우주의 원리는 그를 이용하는 자들에게 무량한 혜택을 베풂니다. 수불부촉(受佛付囑)[6]입니다. 살아 있는 병자들에게나 이 세상을 등진 영가들에게나 부처님의 진리는 영원히 유효합니다.

암적인 마음을 청산하지 못하고 이기심과 애착과 원한의 포로가 된 영혼들의 마음은 어둠입니다. 그들의 삶은 고통이고 우주의 암과도 같습니다. 그들도 부처님의 말씀 따라 깨닫고 영원의 길을 가야만 합니다. 또한 이 세상을 살고 있는 암적인 마음의 소유자

---

6 수불부촉(受佛付囑) : 부처님으로부터 위대한 가피력과 능력을 부여받고 위촉받은 경계를 말함.

들도 부처님 가르침 따라 암적인 마음과 몸을 떠나 새 길을 열어
나아가야만 합니다.

인생은 언덕길을 힘겹게 밀고 올라가는
수레와도 같습니다.
정지하면 후퇴하고, 밀면 반드시 상승합니다.
당신의 수레는 지금 어떤 상태에 있습니까?

-「지광 스님의 영원한 광명의 길」 중에서

광대한 우주는 하나의 거대한 정보통신망이다

인체(人體)는 우주이며
하나로 연결돼 있다

앞에서 언급한 대로 흔히 인체를 소우주(小宇宙)라 부릅니다. 어떤 생물학자는 하나의 세포조차 우주와 같은 구조를 가지고 있다고 밝히고 있습니다.

우리 몸을 가만히 살펴보면 진정 우주의 성품을 가득 머금고 있음을 분명히 깨달을 수 있습니다. 태양과 달로 지칭되는 대뇌와 복뇌(일명 단전), 365혈(穴), 12정경(正經) 등의 광대한 신경망, 경혈망(經穴網)은 상상을 초월합니다.

인체는 물론이려니와 각종 단체 그리고 나라에 이르기까지 철저한 교통·통신망이 펼쳐져 있습니다. 하나의 티끌로부터 광대무변한 우주에 이르기까지 서로 연결되어 있다는 것이 부처님의 가르침입니다. 이른바 제망중중(帝網重重)[7]의 도리입니다. 우리의 세

---

7 제망중중 : 도리천의 천주인 제석천왕의 궁전에 아름다운 보배를 엮어 만든 보배 그물이 있는데, 우주의 무량 대천세계가 그와 같은 아름다운 보석 그물처럼 중중무진으로 아름답게 엮어져 있다는 뜻

계가 인터넷으로 짜여 정보의 흐름을 원활하게 소통시키고 있는 것과 같이 광대한 우주도 그와 같은 형태로 훨씬 더 탁월한 시스템으로 구성돼 있습니다. 사람의 신경망은 곧바로 우주 신경망으로 연결돼 있다는 것입니다. 이른바 최첨단을 가는 디지털(Digital) 정보통신망을 능가하며, 빛의 속도는 상대가 되지 않는 생각의 속도(The Speed of Thought)로 우주와 연결되어 있습니다.

생각은 시공을 초월하는 능력을 지니고 있으며 "한 생각 가운데 우주가 들어 있다." 하신 가르침대로 우주의 무한 세계는 한 생각으로 연결됩니다. 보이는 세계와 보이지 않는 세계는 다만 양적인 차이에 불과하고 우주의 모두가 하나로 연결되어 엄청난 반향을 펼치고 있는 것입니다. 많은 공을 방 안 가득히 펼쳐 놓고 다시 공 한 개를 굴렸을 때 그 공이 굴러가며 옆의 공을 때리고, 옆의 공은 또 그의 옆 공을 때려가며 전체 방 안에 있는 모든 공들이 서로서로 부딪쳐 영향을 주는 장면을 생각하시면 이해가 빠를 것입니다.

우주는 하나의 거대한
춤을 추고 있다

내가 공을 굴리면 나의 의도와는 전혀 상관없는 듯 보이는 공이 튕기고 튕겨 그 영향력으로 움직입니다. 우주의 구도가 바로 이 같은 시스템으로 짜여 있습니다. 광활한 우주가 시공과 관계 없이 하나로 연결되어 있어 우주는 하나의 거대한 춤을 추는 형상입니다.

나의 말 한 마디, 생각 하나, 행동 하나도 그대로 우주 방방곡곡에 전달됩니다. 이 같은 우주적 원리에 따라 보면 나의 말 한 마디가 무량한 공덕은 물론 무량한 재앙을 불러올 수 있다는 경계를 분명히 깨달아야만 합니다. 왜 기도하라 하는가, 왜 영혼들의 제도가 중요한가 등등의 해답은 바로 이 같은 원리를 바탕으로 설명될 수 있습니다. 우리는 지금도 어떠한 형태로건 우주의 무량한 존재들과 끊임없이 교신을 나누고 있는 중입니다. 나와 우주는 하나이고 나와 세계는 하나입니다. 우주는 진정 하나로 연결돼 있는 한 몸입니다. 우리의 몸이 신경망으로 우주와 연결돼 있는 것과 꼭 같은 이치입니다. 보이는 세계와 보이지 않는 세계도 마찬가지입니다. 우리가 열심히 기도하는 것도 광대무변한 우주통신망을 통해 우주의 번영에 기여하기 위해서입니다. 기도공덕을 통해 모두가 잘되고 나도 잘되기 때문입니다.

우리는 항상 우주는 하나, 나와 남은 하나라는 가르침에 투철해야만 합니다. 허공을 통해 우리는 하나로 연결돼 있습니다. 진정 허공은 부처님의 몸입니다. 우리는 그 가운데 무량한 정보통신망으로 이어진 것입니다. 보이지 않는 세계, 영혼들의 세계 역시 우리와 직접적으로 연결돼 있는 정보통신망을 통해 항상 교통하고 있습니다.

2장

사랑의 장

중생들은 죽음이 무엇인지도
모르는 채로 죽는다.
죽음이 무엇인지 배우지도 못한 채로
죽는다.
중생들은 죽음을 배워야 한다.
그러면 삶까지도 배우게 될 것이다.
죽음을 배우지 못한 자는
삶까지도 배우지 못하리라.
갓난아기가 눈을 떠 이승을 배우듯
죽은 자 역시 죽음에 눈떠
영원을 배워야만 한다.

(정법염처경)

인생은 자신이 만든 문제집

상대방은
성장의 텃밭

삶은 영원히 계속되는 계획의 일부분입니다. 그러므로 우리는 모두 서로 간에 해결해야 할 커다란 문제들을 안고 이 세상에 태어납니다. 현실적으로 아무리 힘겨운 처지에 있더라도 그 같은 상황을 만든 것은 자기 자신입니다. 서로가 함께 풀어야 할 문제가 있어 만났기에 상대방은 성장의 텃밭이 되는 최고의 상대입니다. 보이지 않는 세계의 존재들도 마찬가지입니다.

인생은 우주라는 교실에서 진행되는 한 토막의 수업 같습니다. 혹독한 환경이라 해서 너무 괴로워 마시기 바랍니다. 혹독한 환경은 그 시련을 통해 크게 성장할 기회가 되기도 합니다. 이번 생을 올바르고 의미 있게 살면 다음번의 생은 좀 더 나을 것입니다. 그렇지 못할 경우 더욱더 혹독한 환경이 기다리고 있을지 모릅니다.

사람들은 자신의 삶의 전개를 전혀 모른 채 살고 있다고 생각합니다. 결코 그렇지 않습니다. 우리 모두가 부처님인데 모르는 것이 있을 수 있겠습니까? 스스로가 업보 따라 모두 짜놓은 대로 사는 것입니다. 다만 망각했을 뿐이지요.

인생은 흡사 패자부활전 같아서 대우주의 법칙 따라 스스로 계획을 세워 놓고 태어납니다. 협조자도 적대자도 모두 자기가 만든 것이며 하나같이 소중한 영혼의 친구들입니다.

**인생은
자신이 만든 문제집**

전생에 충분히 잘해주지 못한 사람들이 있기 때문에 이 세상에 태어나 그 빚을 갚아야 합니다. 설령 이번 생애에 그들이 내게 아픔을 주고 상처를 준다 해도 용서해야만 하는 이유가 여기에 있습니다. 누구에게나 저 먼 과거로부터 이어지는 운명의 끈이 있습니다. 과거에 맺었던 각양각색의 인연들이 삶의 적합한 시기에 서로 만나 자동발생장치와도 같이 전개되는 것입니다.

예기치 않게 다가오는 문제들을 어떻게 풀 것인가, 부처님 가르침 따라 양심적으로 풀 것인가, 비양심적으로 풀 것인가? 내가 받을 수 있는 사랑과 선은 내가 다른 사람에게 행한 바의 사랑과 선에 비례합니다. 진실로 인생은 자신이 만든 문제집과 같습니다. 거듭되는 수행의 과정처럼 우리는 인생을 통해 사랑하며 용서하며 감사하는 마음의 소중함을 배워 갑니다.

세상이 너무나 두드러진 불평등과 불균형으로 가득 차 있습니다. 갖가지 불평 불만으로 가득한 세상이지만 자기의 능력 따라 살아갈 수밖에 없는 능력 본위의 세계입니다. 자기의 구매능력 따라 물건을 선택하는 시장터와도 같습니다. 능력 따라 평가받고 보수를 받는 그런 장터 말입니다. 그렇기에 능력이 취약한 사람들을 위한 사랑과 자비가 절실하고 나라의 역할이 중요한 이유입니다.

비난하는 자에게
감사하라

도(道)가 높으면 마(魔)가 성하고, 일이 크면 고통은 더합니다. 이름이 높으면 높을수록 비방은 커지고, 능력이 탁월하면 탁월할수록 시기, 질투가 많은 법입니다. 세상을 살아갈수록, 비방과 훼방은 들을수록 참아야 합니다. 모든 것은 바람과 같은 것입니다. 때가 되면 모두가 잠자게 되어 있습니다.

우리의 삶 가운데 전개되는 갖가지 고통은 고통이 아니라 선물입니다. 모든 것을 업보라 할 때 고통은 부처님께서, 하나님께서 주시는 선물입니다. 어버이가 자식에게 드는 매를 고통으로만 받아들여야 할까요? 감사의 선물로 받아들이는 사람은 부처님의 사람입니다. 고통이 나에게만 주어졌다 탓하지 마십시오. 고통의 지혜로운 극복이 수행입니다. 고통을 무시하십시오. 싸움을 거부하십시오. 그리고 큰사람, 큰 영혼이 되는 것입니다.

모함하는 자에게 감사하십시오. 타인의 좁은 마음을 개의치 마세요. 큰일은 큰 비난을 의미합니다. 비난 받기를 기뻐하십시오.

그것은 스스로가 성장하고 있다는 증거입니다. 성장할수록 많은 비평을 받습니다.

인생은 한 편의
드라마

그렇기에 우리는 모두 참으로 진지한 태도로 우리 인생에 몰두해야만 합니다. 가끔 보도되는 임사체험의 얘기를 들어보면 느끼는 점이 있을 것입니다. 저승에 다녀왔다고 얘기하는 사람들을 기억 퇴행(recess of memory)시켜 보면 최면 중에 저 세상에서 만났던 재판관의 얘기를 토해내는 사람들이 대부분이더라는 미국의 연구 보고서가 있습니다.

일생의 한 순간 한 순간이 실감 나게 재현되는 한 편의 영화 같았다고 말하는 사람들이 있습니다. 진위 여부는 차치하더라도 우리는 모두 부처님 가르침대로 법 따라 의미있게 살아야 하는 존재인 것만은 분명합니다.

우연을 가장한 필연 따라 전개되는 인생의 모든 파노라마는 한 편의 영화 같습니다. 한 편의 꿈 같습니다. 우리가 과거생에 맺은 인연은 끝없이 작용하고 있습니다. 지금도 진행 중입니다. 삶 자체가 기적이라는 얘기는 참으로 예기치 못했던 기상천외의 일들이 우리의 삶에 끊임없이 전개되기 때문입니다.

진정 우리는 부처님과 하나인 삶을 살아야만 합니다. 항상 부처

님 법 따라 살며, 부처님을 찬탄하며, 기도하며, 노래하며 살아야
합니다. 부처님과 하나인 삶만이 부처님의 인도 따라 전개되기 때
문입니다. 갖가지 재앙으로부터 보호받을 수 있기 때문입니다.

우리는 전생에 많은 죄를 지었고
금생에도 많은 죄를 짓고 있으므로
모욕당하지 않고는 살 수 없는 존재입니다.

-「지광 스님의 영원한 광명의 길」중에서

언젠가 강제로 내쫓기는 날이 찾아온다

살던 집에서 강제로 내쫓긴다면
어떤 마음이겠는가?

만약에 가고 싶지 않은 길을 강제로 끌려가면 어떤 마음이 될까요? 또 갑자기 집에 불이 나서 아무것도 꺼내지 못한 채, 몸만 빠져나와 발을 동동 구를 때의 심정은 어떠할까요? 이 같은 상태에 처한 분들은 얼마나 가슴 아플까요? 진실로 우리는 즐겁게 살던 집에서 내쫓기고 싶지 않을 것입니다. 가고 싶지 않은 길을 억지로 떠나고 싶지 않을 것이며 더구나 돌연한 사고로 집을 잃고 싶지도 않을 것입니다.

이 같은 예는 삶과 죽음의 능선을 넘는 우리 모두에게 해당되는 내용입니다. 부처님께서는 일찍이 우리의 몸을 마음의 집에다 비유하셨습니다. 집을 갑자기 빼앗기는 사람은 죽음에 처해 이 몸을 놓고 떠나는 사람을 의미합니다. 특히 갑자기 불이 나 집을 잃은 사람은 돌연한 사고로 몸을 잃은 사람을 의미합니다.

누구나 자신의 집에서 강제로 내쫓기고 싶지 않은 것처럼 영가역시 물질적 육체에서 강제로 쫓겨나고 싶지 않기에 강력히 저항

합니다. 그러나 그들은 필연적으로 떠나야만 하는 존재들이기에 애착은 처절하리만치 큽니다. 사바에 크나큰 애착을 가진 영가들은 과연 이승을 떠난 뒤 어떻게 존재할까요? 부처님 말씀대로 애착이 남아 있는 한 인연 있는 사람들의 주변을 떠나기가 힘겨울 것입니다. 이 우주의 법칙은 그가 애착을 떼고 사바의 인연을 정리할 때까지 그대로 방치해 둡니다. 스스로 깨닫도록 내버려 두는 것이지요.

이사 준비가 철저하지 않아
저급령이 된다

이와는 반대로 수행을 완성한 스님들은 이승을 떠나는 상황에 있어 퍽 대조적입니다. "잘 있어 빠이, 빠이!", "먼저 가서 기다릴게. 볼일 다 보고 와." 등등 생사를 이겨낸 도인들의 마지막 한마디는 생사해탈의 경지 바로 그것입니다.

왜 이렇듯 차이가 날까요? 깨달음의 존재들은 죽음에 대한 대비가 철저합니다. 다시 말하면 이사 갈 준비가 완료된 존재들입니다. 반대로 이사 갈 준비가 제대로 되지 않은 영혼들은 사바의 미련과 집착으로 스스로도 괴롭히고 유족들에게도 괴로움을 안겨줍니다. 원한을 지닌 영혼의 경우, 무서운 집착 때문에 유령이 되어 대단한 고통 중에 있습니다. 이렇듯 죽음에 대한 준비가 철저하지 않음으로 인해 스스로도 괴롭히고 세상을 괴롭히는 저급령이 됩니다. 그들의 제도는 중대한 문제입니다.

  살아 있는 중생들을 제 갈 길로 인도하는 것이 참으로 중요하기에 부처님은 이 땅에 오셔서 팔만사천 대장경을 펼치셨습니다. 부처님의 가르침은 산 자뿐만 아니라 죽은 자 모두에게도 해당됩니다. 부처님께서 항상 생사일여(生死一如)라 하신 가르침의 본뜻이 여기에 있습니다. 특히 저승 세계 중생들의 제도를 '천도(薦度)'라 부르며 산 자의 제도 못지않게 중요하게 말씀하셨습니다. 그 공덕으로 수많은 영가로 인한 삶의 재앙을 녹여 내리는 효과가 크고도 큽니다.

살아생전에
철저히 준비하기를!

  흡사 장마가 지나고 나면 가을 하늘이 한없이 맑듯이 여름 한철 열심히 천도재를 지내면 가정의 어둠이 맑게 걷힙니다. 수확의 기쁨이 옵니다. 우리가 여기서 꼭 생각해야 하는 중요한 사실이 있습니다. 머지 않은 장래에 떠나가게 될 우리 역시, 죽음 이후 재빨리 천도가 될 수 있도록 살아생전 많은 준비를 해야만 한다는 것입니다. 자신의 천도를 유족들에게 맡길 것이 아니라 스스로가 정성스러운 수행을 통해 천도될 수 있도록 만반의 준비를 해야만 합니다.

  부처님께서는 천도가 쉽게 되는 사람들을 다음과 같이 말씀하셨습니다. "천도가 쉽게 되는 사람들은, 첫째 불보살을 열심히 받들어 섬기며 수행에 진력한 사람, 둘째 조상을 잘 섬겨 조상의 도움으로 천도가 되는 사람, 셋째 선지식을 만나 선지식의 법문을 통해 깨달음이 깊은 사람, 넷째 주변 사람들에게 많은 공덕을 쌓아 수승한 인연을 맺은 사람" 등입니다.

푸른 풀을 먹고 자란 벌레는 빛깔도 푸른 법입니다. 부처님을 열심히 모시고 살아간 사람은 결국 부처님 나라에 들어갑니다. 갖가지 부정적 마음은 부처님을 등지는 마음입니다.

"왜 수행이 중요한가? 그것은 영원의 길을 잘 열어가는 데도 큰 의의가 있다. 첫째 갖가지 악마의 마음을 조복 받아 스스로 악귀 됨을 면케 됨이요, 악귀를 만나지 않게 됨이며, 둘째 갖가지 마장을 제거하고, 셋째 신심이 향상되며, 넷째 교만을 제거하고 번뇌와 공포를 제거하며, 다섯째 부처님의 호념하시고 부촉하시는 바가 있으며, 여섯째 업장 소멸의 길이 열리며, 일곱째 성불의 대도를 걷게 됨이라."

부처님 말씀을 가슴 깊이 새겨 스스로가 이 땅을 등진 후 천도의 길을 활짝 열어갈 수 있도록 지장기도를 열심히 봉행하고 참다운 수행자가 되시기를 간절히 당부 드립니다.

사랑의 실천만이 상대방의 마음 가운데 부처를 일깨운다

종교의 생명은 전법에 있다
교육에 있다

"분명히 알려면 실험해 보아야 한다, 먹어봐야 맛을 안다."는 말이 있습니다. 행하게 하려면 우선 가르쳐야 합니다. 잘 아는 사람은 손해를 덜 보고 손해도 덜 끼칩니다. 이 세상 법을 모르면 당장 재앙이 오고, 영원의 법을 모르면 세세생생 재앙이 옵니다. 모르고 지은 죄가 알고 지은 죄보다 크다는 게 불교적 관점입니다.

문(聞)·사(思)·수(修) 삼학으로 삼혜(三慧)를 키워가라 하신 부처님 말씀대로 우선 듣게 해야 합니다. 가르쳐야 합니다. 그래야 생각하고 실천하게 됩니다. 불교에 전법이 중요한 이유입니다. 종교의 생명은 전법에 있습니다. 전법이 없으면 그 종교는 설 땅이 없습니다. 종교의 존립은 전법에 달려 있고, 전법이 있기 때문에 종교의 존립이 가능합니다. 불교의 생명 역시 전법에 있습니다.

전법이라 함은 자신이 믿는 진리를 남에게 전하는 일입니다. 진리의 전파가 중요한 이유는 운명을 바꾸는 유일무이한 방법이 진리 가운데 있기 때문입니다. 부처님께서 위대한 개혁자이셨던 이유 역시 전법을 통해 중생들의 운명을 스스로 바꾸게 하려 하신 때문이었습니다. 교육만이 사람을 바꿀 수 있습니다. 갠지스 강의 모래알같이 많은 삼천대천세계를 칠보로 가득 채워 보시하는 것보다, 무량한 목숨으로 보시하는 것보다 부처님 말씀 한마디 보시하는 공덕이 더 크다 하신 『금강경』 말씀 잊지 않으셨죠?

진정 교육이 없을 때 문제가 생깁니다. 교육 중에서도 가장 중요한 교육은 마음의 교육입니다. 항하사 수의 칠보로 보시하는 것보다 부처님 말씀 한마디를 전하는 공덕이 더 크다 하신 이유는 무엇일까요? 법에 대한 공부가 없어 마음의 법칙을 모르면 재앙이 세세생생 두고두고 생겨나기 때문입니다. 마음의 상처는 잘 아물지 않습니다.

부처님 법으로
다스려라

영혼의 마음 가운데 살아생전 생겨난 상처 역시 잘 아물지 않습니다. 부처님 법으로 치료하고 아물게 해야 합니다. 마음의 법칙, 부처님 법칙은 참으로 불가사의합니다. 법을 따르는 길이 곧 부처님 되는 길입니다. 세속의 법칙을 공부하는 곳이 학교라면 마음의 법칙을 공부하는 곳이 성당이요, 교회요, 법당입니다. 요즈음에는 코로나로 인해 모바일 법당도 있습니다. 법당에 나와 공부하는 가르침의 대표적 내용은 다음 다섯 가지에 초점이 맞춰져 있습니다.

① 일체 제법의 차별을 잘 알고 ② 여실수행을 중요시해야 하며 ③ 용맹정진해야 하고 ④ 인욕정진 속에 살아야 하고 ⑤ 6바라밀행 이상의 스승은 없다는 사실을 분명히 공부해야 합니다.

부처님 가르침을 열심히 공부해 바르게 믿어야 합니다. 바르게 믿는 자만이 영원을 약속받을 수 있습니다. 갖가지 종교의 종파주의, 교파주의는 편견과 아집, 갈등을 낳습니다. 현대의 종교는 진정한 의미를 망각하고 있는 수가 많습니다. 문명의 밭에서 자라는 가장 훌륭한 나무가 종교이고, 종교 정신의 저수지에서 흘러나오는 맑은 물이 인류의 마음을 맑게 적십니다. 종교는 그래서 삶을 긍정하고 주인화시키고 인간을 강화시키는 종교여야 합니다. 독선의 종교가 아니라 공동체 의식에 철저해야 합니다. 독선의 종교는 이 땅에 재앙을 부릅니다. '하나'로 가는 자비와 사랑의 마음을 실천하는 개혁적 종교여야 합니다. 사랑을 행하면 우주는 복으로 화답하고 악을 행하면 재앙으로 응징합니다. 성인들은 무량겁 동안 사랑과 자비, 진리를 쌓아온 사람들입니다. 이 우주는 사랑과 자비의 세계입니다. 영원 역시 사랑과 자비뿐입니다. 그밖의 모든 것은 허상이요, 그림자입니다.

자비와 사랑의 실천을 통해서만
인간의 영혼 가운데 존재하는 부처를 체험할 수 있다

공부해 아는 것을 확고부동하게 깨닫기 위해서는 실천적 삶을 살아야 합니다. 불교는 수행의 종교입니다. 체험의 종교요, 실천을 통한 깨달음의 종교입니다. 선무당이 사람 잡는다 합니다. 제대로 알지 못했기에 크게 잘못된다는 얘기입니다. 진실로 가장 훌륭한 형태의 깨달음은 체험입니다. 그밖의 앎은 표면적인 알음알이입니다. 부처님은 항상 "체험을 통해 확고부동하게 알라, 깨달으라." 하셨습니다.

제대로 알지 못한 채 가르치고 행할 때 항상 문제를 야기합니다. 신해행증(信解行證)의 가르침도, 6바라밀행도 모두 실천에 초점이 맞춰져 있습니다.

불교가 어렵다면 실천의 어려움입니다. 불교에 항상 등장하는 단어인 자비를 생각해 봅니다. 스스로 물어보세요. 그대는 정말 자비행을 펼쳐본 일이 있나요? 실제 자비와 사랑을 실천했을 때의 마음이 어떠한지 체험해 본 적이 있나요?

부처님께서는 "그대의 마음 가운데 얼마나 큰 자비심을 가지고 있는지 내게 말해 보라. 그대가 얼마나 많은 시간 부처와 함께 있는지 내가 말해 주리라. 그대가 얼마나 부처님 나라에 들어와 있는지 맞추리라." 하셨습니다. 진정한 자비와 사랑의 실천을 통해서만 인간의 영혼 속에 자리한 부처님을 체험할 수 있습니다.

낱낱 영혼들 속에 있는 부처를 인지할 때, 그의 부처를 바깥으로 꽃피워 내는 데 도움을 줄 수 있습니다. 자비심이 부처를 이끌어내고 신을 이끌어냅니다. 자비와 사랑은 생명력을 더하는 향기이며 미움과 원한은 시체에 시체를 포개 놓은 악취입니다.

주변을 부처님 나라
신의 나라로 만들라

　사람들은 상대의 마음 가운데 부처를 살려내려 하지 않고 오로지 남을 벌하고 비난하는 가운데 악마를 키우기에만 열성입니다. 자비와 사랑의 크기만큼 상대를 살리고 사랑을 받습니다. 각자의 마음은 반드시 그에 해당하는 결과를 등짐 지고 돌아옵니다.

　어떤 사람에 대해 옳고 선하고 진실하다는 생각을 품을 때 상대방도 더욱 옳고 선하고 진실해집니다. 우리는 인간 모두에게서 부처를 발견해야 합니다. 그 첩경이 바로 자비와 사랑의 실천입니다. 실천을 통한 체험은 우리를 얼마나 즐겁게 하던가요?

　우리는 모두 한 몸뚱이의 부분들입니다. 한 부분이 피를 흘리면 반드시 다른 부분들이 아파합니다. 이 큰 진리를 마음속 깊이 새길 때 미움은 끝이 납니다. 내 것, 네 것이란 생각이 사라지고 자비와 사랑이 싹트고 자라나 피어 만발합니다.

　상대를 미워해 보세요. 나에게서 나가는 잔인한 기운이 상대방에게 나쁜 영향을 미치고 작용 반작용 법칙에 따라 다시 내게로 돌아옵니다. 피해를 입는 쪽은 언제나 나 자신입니다. 항상 내 마음이 출발점입니다.

난치병, 불치병의 원인

**우리는 영혼을
제대로 인식하지 못하고 있다**

영혼이 눈에 보이지 않는다고 해서 사람들은 영혼을 제대로 인식하지 못하고 있습니다. 부처님께서는 모든 것은 마음으로 이루어져 있다 하셨습니다. 그런데 마음의 참된 모습을 깨닫지 못하는 사람들이 허다합니다. 일체유심조(一切唯心造), 색즉시공 공즉시색(色卽是空 空卽是色) 모두가 눈에 보이는 만상은 마음이 지어냈다는 가르침입니다. 그러나 사람들 가운데 이 같은 가르침을 확신하는 사람들이 얼마나 될까요?

일체유심조의 예에서와 같이 만상은 마음이 지어냈습니다. 만상은 물질이고 물질은 에너지로 이루어져 있습니다. 에너지는 기(氣)입니다. 기를 가리켜 에너지인 동시에 정보라 부릅니다. 학자들은 허공 자체를 무한한 에너지의 바다라 말합니다. 허공 가운데 무량한 에너지, 기의 파동이 넘실댄다는 것입니다. 허공은 무한 정보의 바다입니다. 허공계를 무진장이라 부르는 이유입니다. 기(氣)는 마음이고 영(靈)입니다.

자동차를 움직이는 것이 에너지인데 사람을 움직이는 것은 마음이요, 영입니다. 사람을 움직이는 영혼이자 영기인 에너지는 수명이 다하면 사라질까요? 물리학에서도 에너지는 항존(恒存)한다, 영원하다 가르칩니다. $E=mc^2$입니다. 음식을 취하고 공기를 취해 생성되던 에너지는 육신의 소멸과 더불어 정녕 사라지는 걸까요? 죽은 영혼이 자신의 기를 따라 찾아든다는 얘기가 빈말은 아닙니다. 훈련된 개가 손수건에 묻어 있는 그 사람의 기(氣), 정보를 바탕으로 범인을 잡아냅니다. 그 같은 일들은 범인의 정보, 분신이 그곳에 남아 있기 때문에 가능합니다. 만상이 기이고 영(靈)으로 되어 있기 때문입니다.

산 자와 죽은 자의 갖가지 기(氣)가
서로 통하고 있다

산 자들도 에너지, 기(氣)로 되어 있고 죽은 자들도 눈에 보이지 않는 기로 되어 있다 합니다. 중음신이라 부르는 존재 역시 마음을 제대로 깨닫지 못한 존재들이나, 그들도 마음을 지녔습니다. 사람은 마음[空氣, 생명, 영혼]과 몸으로 되어 있고 죽은 자들도 눈에 보이지 않지만 어떤 형태건 마음과 몸을 지녔다 합니다.

이미 말씀드린 대로 에너지는 불생불멸입니다. 산 자들뿐만 아니라 죽은 자들도 마음이 있다는 얘기입니다. 마음은 곧 기와 통하는 세계이고 기라는 생명 에너지가 몸을 움직입니다.

그런데 기는 파동으로, 파동은 상호 간섭작용을 일으키기도 하고 공명하기도 합니다. 다른 말로 하면 산 자의 기가 산 자끼리 상호 영향력을 주기도 하고, 죽은 자의 기가 산 자에게 영향력을 미치기도 합니다. 또 산 자의 기가 죽은 자에게 영향력을 끼칠 수도 있습니다. 기의 세계에서는 산 자와 죽은 자의 세계가 하나입니다. 암으로 죽은 가족이 있으면 죽은 자의 암적 병념(病念)이 산 자에게 영향력을 행사합니다.

현대 의학은 이 같은 기의 전염을 얼마나 인정할까요? 아마도 이해하기가 불가능할 것입니다. 죽은 자의 병적인 기가 산 자에게 영향력을 행사하고 산 자의 몸과 기에 영향력을 행사한다는 사실을 얼마나 믿을까요? 우리 주변의 많은 질환이 이 같은 상호 기의 영향을 통해 초래된다면 믿을 사람이 얼마나 될까요? 코로나 같은 예도 사람이나 동물의 부정적인 기(氣)의 응집이 아닐까요?

산 자와 죽은 자는
기(氣)로 통한다

만유는 기(氣)로 연결돼 있습니다. 만 생명은 기로 통합니다. 기로 통해 있으니 그 누구도 고립되지 않습니다. 부모와 자식을 생각해봅니다. 부모와 자식의 인연은 떼려야 뗄 수 없습니다. 자식이 부모 생각하는 마음과 부모가 자식 생각하는 마음 중 어느 것이 클까요? 말해야 잔소리입니다.

그렇다면 우리가 부처님을 사랑하는 마음과 부처님이 우리를 사랑하는 마음을 비교해 보세요. 어느 것이 더 클까요?

부처님은 우리 모두를 "외동아들 같다." 하셨습니다. 부처님 마음 가운데 하나입니다. 우리 모두 부처님 외동아들이자 형제간이기에 우리는 거룩한 생명력, 기(氣)를 함께 나누며 살아갑니다. 그런데 자신의 독심이나 악심으로 부처님의 좋은 기를 나쁜 기로 바꿔 가는 수가 있습니다. 심지어 세상에 나쁜 기를 마구잡이로 뿌리기도 합니다. 서로 사랑하는 마음으로 좋은 기를 뿌리고 산다면 부처님도 "참으로 우애가 좋은 훌륭한 아들이로다, 딸이로다." 하면서 한없는 가피와 영험을 베풀어주실 텐데 말입니다.

난치병, 불치병의 원인을
진지하게 생각해 보라

조상 천도가 왜 중요할까요? 평상시에 챙기지 못한 보이지 않는 세계의 형제자매, 부모, 조상님을 정성껏 모시는 향연이 천도재이기 때문입니다. 그들에 대한 배려가 소홀하였기에 우리의 기도는 너무도 소중합니다. 산 자나 죽은 자나 모두 마음으로 통해 있습니다. 그들의 마음을 잘 보살피어 후손 된 도리를 다하면 그들도 흥겹고 부처님도 즐거워하십니다.

『관음경』에 보세요. 죽은 자의 저주가 있다 하듯 그들의 마음 역시 기(氣)로 전달됩니다. 그 같은 기를 정화하고 다스리는 것 역시 중요한 영험 중 하나입니다. 갖가지 난치병, 불치병이 늘어나는 이유 가운데 보이지 않는 파동인 기의 영향력에 힘입은 바가 적지 않습니다. 자신의 기의 사용방식이 부정적이고 죽은 자와 산 자들 간의 기의 소통이 뭔가 잘못돼 있기에 그 같은 난치병, 불치병들이 생겨나는 것이 분명하다는 부처님의 판단입니다.

모든 병은 세 가지 원인이 있답니다. 하나는 선세행업(先世行業)이요, 둘은 현세실조(現世失調)요, 셋은 악귀사마(惡鬼邪魔)입니다.

우리가 살아가는 데 있어서
부모에게 효도하지 않고
하늘과 땅을 제대로 받아들이지 않는 사람은
번창할 수 없습니다.

－「지광 스님의 영원한 광명의 길」중에서

철천지원수가 과거생의 부모

우리는 죽음이
무엇인지도 모르는 채 죽는다

"중생들은 죽음이 무엇인지도 모르는 채로 죽는다. 죽음이 무엇인지 배우지도 못한 채 죽는다. 중생들은 죽음을 배워야 한다. 그러면 삶까지도 배우게 될 것이다. 죽음을 배우지 못한 자는 삶까지도 배우지 못하게 될 것이고 배울 수 없게 되리라. 삶이란 죽음에서 시작되는 것이기 때문이다. 갓난아기가 이 세상에 눈을 떠서 이승을 배워야만 하듯, 죽은 자 역시 사후세계에 눈을 떠 영원을 배워야만 한다." (정법염처경)

부처님 말씀대로 우리는 영원으로부터 와서 영원을 살다 영원으로 나아갑니다. 그러나 사람들은 그와 같은 가르침에 둔감합니다. 누구든 이 세상을 떠나게 되어 있지만 죽음이란 단어만 떠올려도 머리를 절레절레 흔듭니다. 그러나 그럴 일이 아닙니다.

이 세상을 떠난 후 너무도 크나큰 후회가 밀려온다면 어찌하겠습니까? 이 땅을 등진 영혼들이 부처님 말씀대로 사바에 대한 애착과 집착 때문에 이승에 있는 자들과 교신을 하고 싶은 열망이 가득하다면 어떻게 할까요? 대부분의 사람들이 저승에 대해 무관심하고 소홀한 나머지 그 같은 열망을 수용하지 못합니다. 그 결과 갖가지 크고 작은 어려운 일들이 생겨나는 예를 수많은 시신을 모시고 수많은 영혼을 모시면서 참으로 많이 목도했습니다.

영적 발전을 위한 마음가짐이 중요하다

이 세상을 등진 영혼은 에너지가 항존한다는 가르침대로 에너지의 형태로, 파장의 형태로 존재합니다. 이승을 떠난 후 저승의 안내로 그들과 비슷한 차원의 정신적·영적 세계로 인도됩니다.

지구에도 표면에 사람이 살고 땅속에 벌레가 살고, 물속에 물고기가 살고, 공중에 새들이 사는 것처럼 영혼들도 저마다 어울리는 영역을 찾아갑니다. 그들이 그와 같이 합당한 장소를 배정받을 때까지 일정한 심사가 있다는 것이 경전의 가르침입니다.

한 세상 살고 온 세상에 대해 바르게 살았는가, 그렇지 못한가에 대한 판단이 꼭 선행된다고 합니다. 염라대왕이 실제 있는가 하고 질문하는 사람들이 많습니다. 누가 만나 보았는가요? 경전의 가르침대로 믿을 수밖에 없지 않은가요? 가볼 수가 없는 상황이니 말입니다.

재생이니, 윤회니 하는 말이 불교에 가득히 전개되는 것을 보면 재생, 환생이 인간에게 무언가 이득이 되기에 그와 같은 상황이 계속되는 것만은 확실합니다. 생로병사를 고통이라 하고 고통은 죗값이라 한 것을 보면 지상생활이 죄를 녹이는 수행에 해당하는 내용이라 할 것입니다. 고통은 수행입니다. 꼭 죗값이라고만 생각 마세요.

충족되지 못한 인간의 욕망과 아집이 이기주의적 쾌락을 낳고 육신을 있게 하는 근원으로 가르치고 있지요. 그런 것을 보면 우리의 고통은 우주의 영적 법칙, 부처님의 법을 위반한 결과라 볼 수 있습니다. 그래서 이승에서 영적 발전을 위한 수행자적인 마음가짐이 중요하다는 점을 진지하게 생각하게 하는 대목입니다. 고통을 흔쾌히 수용하며 그를 환희와 열락으로 승화시키는 것이 지상생활의 목적입니다.

철천지원수가
과거생의 부모

우리는 물질적 세계를 살고 있지만 저들은 이승을 떠난, 즉 3차원의 세계를 초월한 존재가 되었습니다. 그들은 시간과 공간을 떠났기 때문에 생각 따라 움직이는 상념체(想念體)라 부를 수 있습니다. 생각 따라 움직이는 존재들이지요.

죽은 자들이 모두 산 자들과 연결되어 있다는 가르침에 따르면 그들이 산 자들을 돕기도 하고 또 산 자들에게 원한에 따라 어떤 해악을 끼치기도 합니다. 흔히 '잘되면 내 탓, 못되면 조상 탓'이라고 합니다. 잘못될 경우 조상들의 영향력이 작용할 수도 있음을 은연중 내포한 속담입니다.

실제 철천지원수가 과거생의 부모라고 한 『열반경』의 가르침이라든지, 조상의 음덕이 작용한다든지 하는 얘기 모두 이승을 떠난 존재들이 산 자들에게 일정한 영향력을 행사한다는 의미로 받아들일 수 있지 않을까요? 제사를 지내는 이유 등도 따지고 보면 그들의 영향력이 음으로 양으로 우리에게 작용하기에 가능한 의식으로 볼 수 있습니다.

어머니가 악도에 떨어져 온갖 고초를 겪고 있는 것을 신통력으로 알게 된 목련 존자의 마음이 편할 수 있었을까요? 갖가지로 비명횡사한 존재들의 영향력이 산 자들에게 부정적으로 작용하기에 약사여래 부처님께서 약사여래기도를 열심히 봉행하라 가르치신 『약사경』 내용도 마찬가지로 이해할 수 있습니다.

그리고 꼭 당부드립니다. 태중 아기들은 과거생 무량겁의 인연들입니다. 그들을 떼어내는 것은 살인에 해당하고 원한을 만들 수 있습니다. 부모가 철천지원수 되는 이유이기도 합니다.

21세기 목련 존자가 되라

부처님을 사랑하라
법을 사랑하라

"뜻이 있는 곳에 길이 있다.", "생각이 운명이다."라는 말을 항상 듣고 살아갑니다. 하늘에 뜻을 두는 자, 하늘나라의 길이 열리고 부처에 뜻을 두는 자, 부처님 나라의 길이 열립니다. 선에 뜻을 두고 있는 자, 선도(善道)가 열리고 악에 뜻을 두고 있는 자, 악도(惡道)가 열리는 법입니다.

항상 도(道)를 닦으라 한 이유를 이해하시겠습니까? 모두가 도입니다. 길입니다. 손도 손이 바르게 가야만 하는 길이 있어 손길이라 하고 발도 가는 길이 있어 발길, 눈도 가는 길이 있어 눈길이라 부릅니다. 눈에 보이는 세계 너머에 눈에 보이지 않는 길이 있습니다. 생각의 길입니다. 뜻이 생각이기에 염파(念波), 염력(念力)이라 말합니다. 생각은 파동이고 힘이 있어 그 힘을 바탕으로 인생길을 열어갑니다. 사람들이 생각을 운명이라 부르는 이유입니다. 그래서 6념심(六念心)이 너무도 중요함을 부처님께서는 『화엄경』에서 누누이 말씀하셨습니다. 기도가 중요한 이유, 천도가 중요한 이유가 다 여기에 있습니다. 왜 기도하라 하는지, 수행하라 하는지 이해가 되는 대목입니다.

부처님을 사랑하고 이웃을 사랑하고 수행을 사랑하고 기도를 사랑하고 법문을 사랑해야 합니다. 사랑과 자비가 방향을 결정하고 목표물을 향하게 하기 때문입니다. 부처님을 사랑하면 그 힘이 부처님 나라로 나아가게 합니다. 모든 힘 가운데 법의 힘, 복의 힘이 가장 으뜸이라 말씀하신 대로 법을 사랑하며 따르고 복 짓기를 사랑해야 합니다. 매일매일의 생활 가운데 이 같은 수행을 놓치지 말아야 합니다. 기도가 중요하고 공양 공덕이 중요함을 항상 말씀하신 이유를 가슴 깊이 생각해야 합니다. 왜 공양은 중요한가요?

공양은 마음이다. 재물은 마음이다
민족 대이동을 보라!

상대에게 천 원을 줄 때, 만 원을 줄 때, 십만 원을 줄 때 그의 표정을 살펴보십시오! 재물은 마음입니다. 마음의 구상화이지요. 천 원을 받을 때, 만 원을 받을 때, 십만 원을 받을 때 마음의 경중이 다릅니다. 돈에는 마음과 시간이 들어 있습니다. '전가사귀(錢可使鬼)요, 전가통신(錢可通神)'이란 말이 있습니다. '재물은 귀신도 부리고 신령스런 존재들과 통하는 길'이란 의미입니다.

공양 공덕은 진정 무량 대복전의 길이요, 무변 대공덕주의 길입니다. 우리의 선조들로부터 흘러온 미풍양속 가운데 설날과 추석

한가위 민족 대이동을 보십시오! 전 국민이 각기 고향을 찾아 한자리에 모여 공양물을 올리고 조상을 기리는 제사를 지냅니다. 중국은 공산주의 국가인데도 14억 인구의 대이동이 일어납니다. 일본을 보세요. 모두가 조상님을 모시는 정성스런 마음들이 그와 같은 민족 대이동을 가능케 하지 않던가요?

조상에 대한 공양을 백안시하는 종교도 있습니다. "제사 지내기 싫어 불교를 떠난다." 말하는 사람도 있습니다. 심지어 "제사의식을 철폐하면 기존 종교, 전통 종교를 타파하는 데 큰 효과가 있다." 말한 사람들도 있었지요. 타종교가 크게 번성했지만 지금도 설이나 추석이 되면 민족 대이동은 펼쳐집니다. 코로나 때문에 과거 같은 이동은 일어나지 않고 있지요. 우리 마음 가운데 돌아가신 부모님, 조상님을 기리고 모시고 공양하는 마음이 살아 있기 때문입니다. 일종의 영혼불멸의 사상을 바탕으로 합니다. 불교는 우리의 마음이 불생불멸이라 하지 않는가요?

영원한 무량 복전이

되시기를…

우리는 영원입니다. 영원으로부터 와서 영원으로 갑니다. 우리는 누구나 마음 가운데 부처님의 지혜와 덕상이 있습니다. 다만 무명번뇌와 망상에 가리워져 자신을 보지 못할 뿐입니다. 부처님은 결코 저 먼 데 계신 분이 아닙니다. 우리 마음 가운데 계십니다. 번뇌의 먹구름에 가려져 태양을 보지 못함과 같은 이치입니다. "부모님을 살아 계신 부처님으로 모시라!" 하신 『미륵경』의 부처님 말씀이 들리십니까?

거듭 말씀드리건대, 태양이 부처님이라면 먹구름은 이기심이요, 악심입니다. 그렇기에 악심의 정도 따라 영혼들의 어둠이 있습니다. 부처님은 항상 우리와 함께이지만 영혼들이 부처님을 인정하고 신뢰하는 정도가 다르기 때문에 빛나는가, 어두운가의 차이가 있습니다.

'아이를 잘못 키웠다' 하는 것은
자신이 잘못 살아왔다는 것과 일맥상통합니다.
자식을 원망하지 마세요.
자식은 부모의 눈을 통해 세상을 바라봅니다.

— 「지광 스님의 영원한 광명의 길」 중에서

뜻있는 곳에 길이 열린다

한 순간 한 생각이
천당, 지옥을 가른다

유명한 일화가 있습니다. 소동파와 스승 동림 상총 선사의 대화를 들어보세요.

소동파가 스승에게 물었습니다.

"어떻게 하면 천당 가는 길이 열리고 어떻게 하면 지옥 가는 길이 열립니까?"

상총 선사가 소동파를 가만히 노려보다가 옆에 있는 주장자로 소동파를 내리쳤습니다. 얼마나 아팠을까요? 몽둥이로 머리를 맞았으니 말이죠? 소동파는 너무도 아픈 나머지 벌떡 일어나 스승의 멱살을 잡았습니다.

"이 놈의 늙은이가?"

순간 상총 선사는 기다렸다는 듯, "요 녀석아! 그게 바로 지옥 가는 길이니라!" 한마디 던졌습니다. 듣고 보니 '아차! 스승이 나를 시험해 볼 심산이었구나'라고 깨달은 겁니다. 그런데 너무도 아픈 나머지 스승의 멱살을 쥐고 있는 자신의 모습을 보고 깜짝

놀랍니다. 참으로 잘못한 거지요. 이내 멱살을 풀고는 참회의 절을 올릴 수밖에 없었습니다.

"죽을 죄를 지었습니다. 스승이시여!"

넙죽넙죽 절을 하며 참회를 하는 소동파를 바라보며 선사가 또 한마디 던집니다.

"요 녀석아! 바로 그게 천당 가는 길이니라!"

한 순간에 천당과 지옥을 오간 것입니다. "한 생각이 삼천대천 세계와 통하고[一念三千] 한 생각이 무량겁과 통한다[一念卽是無量劫]."라는 가르침을 너무도 잘 알고 계실 것입니다. 그렇습니다. 생각의 세계, 마음의 세계는 시간과 공간을 떠납니다. 우리가 사는 3차원의 세계는 시간과 공간이 있습니다만 시공을 떠난 세계는 한 생각이 무한을, 영원을 관통합니다.

생각은
마음의 눈이다

번뇌를 통제하는 것이 수행의 근본이라 하지요. 화두를 들고 번뇌를 척결해 가는 이유, 기도를 하며 망상을 잡아가는 이유는 모두 한 생각의 통제, 번뇌의 항복을 통해 영원으로 나아가는 수행이요, 몸부림이기 때문입니다. 그릇된 생각은 나를 악도로 인도하고 올바른 생각은 나를 선도로 안내합니다. 그래서 생각의 통제, 번뇌의 제거는 너무도 소중한 작업입니다.

『금강경』에서도 마음을 항복받는 숭고한 작업[云何降伏其心]을 가장 중요한 수행과제로 삼았습니다. '뜻이 있는 곳에 길이 있다' 하고, 생각이 운명이라 했지요. 사바세계에서는 시각, 눈이 나를 인도하지만 마음의 나라, 생각의 나라에서는 생각이 눈입니다. 생각한 대로 움직이기 때문입니다. 그것도 시공을 초월해 움직이기에 번뇌에 휘둘리면 참으로 끔찍한 고통을 자초할 수밖에 없습니다. 한 생각이 천당, 지옥을 가름한다면 한 생각의 잘못이 운명을 갈라버립니다.

생각의 통제, 억제가 참으로 중요한 이유를 잘 아셨으리라 믿습니다. 화두를 들어 끊임없이 번뇌를 척결하고 염불, 기도를 하며 끊임없이 마음을 정화해야 합니다. 우리의 본질이 광명이기에 해탈의 길을 가기 위한 정진의 행로이기 때문입니다. 한 생각을 진실로 잘 다스려야만 합니다. 한 생각이 일어날 때 우주가 일어나고, 한 생각이 사라질 때 우주가 사라진다고 부처님께서 말씀하신 이유를 깨달으셨을 줄로 믿습니다.

영혼의 세계는 문자 그대로
상상을 초월한다

이 세상을 등진 영혼들 역시 자신들 생각의 통제가 제대로 되지 않는다면 참으로 엄청난 고통을 초래할 수밖에 없으리라는 점을 충분히 생각할 수 있습니다. 저승의 영가들 역시 자신의 생각을 제대로 통제하지 못하면 크게 골탕을 먹기에 그들도 영계에서 자신들을 갈고 닦아야 합니다. 그런데 이 세상을 떠난 영가들은 사바세계에서보다 자신들의 생각 통제가 어려워 무진고생을 한다고 합니다. 영혼들의 능력 역시 대단히 광대하기에 우주를 종횡무진 누빌 수 있으나 갖가지로 번뇌를 떨쳐내지 못해 흉령, 악령과 선령들 간의 싸움이 끊임없이 펼쳐지고 있다는 얘깁니다.

불보살님의 위신력, 신장, 귀왕들이 그들을 다스린다고 합니다. 영(靈)들은 시공을 떠났기에 상대방의 마음속에 있는 상념, 생각을 마치 자기 것처럼 감지할 수 있는 능력이 있고, 또 자기의 마음 가운데 있던 생각 또는 영상, 광경들을 상대방의 상념 속에 전송하거나 집어넣을 수 있는 능력이 있습니다.

스마트폰에 어떤 장면을 찍어 전송하는 예와 흡사하다 보시면 틀림이 없을 것입니다. 탁월한 아이디어들이 흘러들거나 지성이면 감천, 정신일도하사불성, 천우신조 등이 모두 같은 패턴의 마음, 영혼들의 작용이라 보시면 됩니다.

영혼은 육신을 떠나 시공을 떠나 있기에 자신의 과거·현재·미래생을 훤히 볼 수 있는 본래의 능력이 살아나 산 자들에게 그와 같은 영상을 꿈 등을 통해 전해주는 능력이 있기도 합니다. 선몽이라든지 태몽 등의 예가 그에 해당됩니다.

영혼들은 인간으로서는 상상할 수 없는 초능력이랄까, 예민한 능력이 있어 말하는 상대방의 속마음을 훤히 꿰뚫어 알 수 있습니다. 인간이었을 때 일생의 기록 내지는 이제까지 보낸 과거생의 생활기록, 그리고 앞으로 보낼 자신의 미래까지 모두 볼 수 있는 능력을 가지고 있습니다.

사바세계와는 다르지만 영혼의 세계에도 파동으로 여겨지는 말과 문자가 있고, 우리와는 다른 어떤 형태의 몸도 가지고 있다 합니다. 업 따라 집단을 이루어 살기도 하고, 이 세상과 산 자들에게 영향력을 행사할 수도 있다는 것이지요. 그들과 좋은 관계를 만들어야만 합니다. 악령들을 만나게 될 경우 파탄이라는 점만은 잊지 마시기 바랍니다. 평상심시도(平常心是道)라 하는 가르침같이 항상 정도로 나아가고 선심의 길이어야만 합니다. 악심은 악도로 열리고 악령을 만나고 파탄이라는 사실을 명심하시기 바랍니다. 그래서 특히 올바른 기도가 수행이 중요합니다.

지금은 아무런 메아리가 없을지라도
세월이 흘러가면 언젠가
화살이 되어 되돌아옵니다.
한량없는 세월을 윤회하면서 지은 업을 탕감하기 위해
눈, 귀, 코 , 혀, 몸과 마음을
바르게 써야 하는 이유입니다.

-「지광 스님의 영원한 광명의 길」 중에서

3장

기
도
의
장

우리는 모두 사형수다.
죽음은 누구에게나 필연이다.
우리는 모두 죽는다.
삶이 있는 곳에 필연적으로 죽음이 있다.
죽음은 상상의 세계도 추상의 세계도 아니다.
죽음은 이승과 저승의 통로다.
죽음은 항상 우리와 함께 있다.
언제 어디서 어떻게 죽을지 아무도 모른다.
우리는 누구나 삶과 싸우며 죽음과 싸우며 산다.
삶의 고통과 죽음의 고통 속에 산다.

시험공부를 열심히 하라

죽음은 졸업인 동시에 입학이다
끝인 동시에 시작이다

우리는 죽음이 끝이 아니라는 사실을 너무도 잘 알고 있습니다. 죽음이 모든 것의 끝이라면 삶의 의미는 무엇이란 말인가요? 부처님께서 영원을 가르친 참된 의미는 죽음이 끝이 아니요, 새로운 시작임을 일깨우려 하신 데 있습니다.

삶을 시작한 수많은 사람 그 누구도 이 땅에 영원히 살 수는 없습니다. 주어진 시간을 살다 모두 자리를 비워야 합니다. 주어진 시간 동안 과연 어떻게 살 것인가는 어떻게 죽을 것인가와 긴밀히 연결돼 있습니다. 죽음은 끝이 아니라 새로운 시작이며, 졸업인 동시에 새로운 삶으로의 입학에 해당합니다.

졸업식도 중요하지만 입학식도 그에 못지않게 중요합니다. 졸업을 할 때 학교에서는 졸업사정을 합니다. 좋은 대학에 갈 것인가 아닌가, 성적에 따라 진학을 결정합니다. 마찬가지로 죽음과 더불어 삼계육도의 문이 열립니다. 지옥, 아귀, 축생, 아수라, 인간, 천상이나 욕계, 색계, 무색계가 모든 영혼, 영가들을 기다립니다. 그렇기에 죽음은 졸업인 동시에 입학입니다.

이 땅을 등지고 나서 모든 것이 끝나는 게 아닙니다. 영혼의 세계에는 이 땅에서의 삶을 돌아보고 삶을 새롭게 시작하는 영혼을 돕는 사정위원회 같은 성격의 조직이 있습니다. 사람들은 염라대왕이니 저승10대왕이니 하며 두려운 존재로 생각하기도 합니다. 시험공부를 제대로 못한 사람이 시험을 두려워하는 것과 같은 이치입니다. 우리 모두 시험공부를 열심히 하자는 마음으로 이 책을 썼습니다.

한 맺혀 억울해
이 땅을 떠나지 못하는 보이지 않는 존재들

명부 10대왕은 이승을 떠나 저승에 들어온 영혼들을 점검하는 제도나 장치라 해도 크게 잘못될 것이 없습니다. 어차피 삼계육도가 있는 바에야 이 땅을 떠난 영혼들도 어떤 탁월한 고급 영혼들에 의한 지도가 필요할 것이 아닐까요?

우리는 이승에서도 끊임없이 탁월한 선지식에게서 법을 연마해야 하는 것처럼 저승이라 해서 크게 다를 바 없습니다. 우주의 무량 중생들은 하나같이 영원한 진보를 도모하며 끊임없이 나아가야 하는 존재들입니다. 이른바 영혼들의 세계, 흔히 불교에서 중음신(中陰身)이라 얘기하고 여타 종교에서는 연옥이라고도 부르는 세계는 이 땅을 등진 영혼들이 새로운 삶을 시작하기 전의 대기

장소나 점검 기간이라 해도 무방합니다.

새로운 출발을 위한 준비 기간을 보내면서 환생에 대비하는 영혼들이 중음신에 있다는 것이 부처님 말씀입니다. 새 삶을 위한 입학의 준비입니다. 영혼은 자신의 생전 성적인 업보에 따라 새로운 입학을 준비해야만 합니다. 그런데 문제는 죽음을 맞이한 영혼들 가운데 영혼의 진보를 도모하지 못하는 경우입니다. 과연 그들은 어떻게 되는 걸까요? 죽은 후 어떤 영혼은 이 땅에서 겪은 일들이 너무 억울해서 어떤 식으로든 그 억울함의 해결 없이는 떠나려 하지 않는 경우가 많다고 경전은 말합니다. 애착령, 집착령이지요.

영혼이 원한과 집착의 포로가 되면
어찌할 수 없다

과연 어떤 영혼이 제 갈 길을 떠나지 못해 귀신이 되는 걸까요? 종교에서 죽음과 삶 사이에 벌어지는 상황을 다루지만 미국이나 유럽 등지에서는 갖가지 최면 등 정신요법을 통해 저승 세계, 영혼의 세계를 탐구하는 과학자들이 대단히 많습니다. 그들 중 세계적으로 이름을 얻고 있는 마이클 뉴턴[8]의 보고를 하나 들어 봅니다. 이 땅에도 유사한 얘기는 많지만…

---

8 마이클 뉴턴(1951~) : 「영혼들의 기억, 영혼들의 운명」의 저자

미국 와이오밍 주에 유령농장이라는 곳이 있었습니다. 한때는 풍요로운 농장이었으나 농장 주인의 아내가 병으로 죽은 다음 농장 주인도 떠나고 관리를 못해 황폐해졌습니다.

유족들이 이 농장을 처분하려 내놓았는데 사려는 사람이 올 때마다 일진광풍이 불며 곡괭이가 날아다니고 삽자루가 날아다니는 등 도저히 이해할 수 없는 일들이 벌어졌습니다.

그래서 귀신 나오는 유령농장으로 알려져 폐허로 전락해 버렸습니다. 유족들은 그 이유를 알고 싶어 귀신과 통할 수 있는 인디언 무당과 이른바 심령술사를 동원해 귀신과의 소통을 시도했습니다. 그 결과 그 집 여주인이었던 밴더빌트가 자신을 버리고 떠나간 남편 스튜어트가 돌아올 것이라는 간절한 열망을 가지고, 죽은 뒤에도 농장을 떠나지 못하고 남편을 기다리느라 집착령의 상태로 계속 머물러 있었다는 것입니다. 영혼의 세계 역시 나름의 자유 결정권이 있어 자신이 죽은 후에도 얼마 동안 이승을 떠나지 않을 수 있다고 합니다.

궤도에서 벗어난 집착령, 망령들을
제 갈 길로 인도하는 것은 중요한 공덕이다

대부분의 사람들이 숨을 거두면 사바세계의 미련과 집착을 쉽사리 지우기가 어렵다고 합니다. 결국 수많은 집착령이 생기게 됩니다. 그리하여 그 집착과 원한, 원망 등으로 영혼 스스로도 괴롭고 살아 있는 사람들에게까지 괴로움을 주게 되는 것입니다. 그들은 집착의 포로가 되어 떠나려 하지도 않고 떠나는 방법조차 모르는 예가 다반사입니다.

갑자기 비명횡사했을 경우 등 자기가 죽은 것조차 모르거나 살아 있을 당시의 의식이 죽어서까지 계속되어 떠나려는 마음을 전혀 가지고 있지 않기 때문입니다. 떠나지 못하고 떠도는 귀신은 모두 어떤 망상에 갇혀 있어 자유롭지 못한 정신적 상태를 갖고 있는 예가 대부분입니다.

태아영가들도 마찬가지입니다. 귀신들의 혼란은 대부분 망상과 집착 때문이며 어떤 장소나 사람, 사건 등에 집착해 그들을 놓지 못하는 경우가 많습니다. 영계의 안내령들은 그들이 죽었음을 알지만 죽은 영혼들의 소망을 존중해 주어 떠나려 하지 않으면 그냥 놓아두기도 합니다. 영혼들에게는 시간관념이 없어 어떤 경우에는 몇 백 년 동안 머무는 수도 있습니다.

영혼의 세계에서도 이 같은 혼란상태의 영혼들에게 기회를 주며 기다려줍니다. 살아생전 영혼의 세계에 대한 공부나 죽음의 수용을 위한 공부 등이 중요한 이유가 여기에 있습니다. 지구적인 것에 오염되어 떠나는 데 혼란을 느끼는 미성숙의 영혼을 제도하는 것이 기도와 천도의 중요한 의의입니다. 지구도 다른 별에서 보면 하나의 별에 지나지 않습니다. 하늘에 떠 있는 수많은 별은 무엇을 얘기하려는 걸까요?

백치에 가까운 죽음에 대한 인류의 무지

무한대 차원이
한 공간에 존재한다

이 세상을 등진 사람들이 죽음의 세계에 들어간 다음 느끼게 되는 가장 큰 놀라움은 '분명히 죽었는데 살아 있다는 사실에 대한 놀라움'입니다.

『화엄경』에 보면 4법계관(四法界觀)이라는 가르침이 등장합니다. 그 내용은 사법계(事法界), 이법계(理法界), 이사무애법계(理事無碍法界), 사사무애법계(事事無碍法界)의 가르침으로 광대무변한 우주가 중중무진의 무한대 차원의 세계로 펼쳐져 있다는 내용입니다.

사법계란 물질의 세계, 이법계란 모든 물질의 형성 근거가 되는 진리의 세계, 그리고 이법계와 사법계가 별도로 존재하는 것이 아니고 방해 없이 한 몸으로 존재한다는 가르침이 이사무애법계, 무한대 차원의 세계가 한 공간을 공유하면서 서로 방해하지 않으며 존재한다는 가르침이 사사무애법계입니다.

사사무애의 경계는 『화엄경』의 '잉불잡란격별성(仍不雜亂隔別

成)'의 가르침과도 맥을 같이합니다. 광대무변한 우주에는 무한대 차원이 전개되어 있지만 서로 방해하지도, 방해 받지도 않는다는 가르침입니다. 예를 들면 지금 우리가 눈으로 보는 세계를 3차원의 세계라 하는데 3차원의 세계와 4차원, 5차원의 세계가 한 공간을 공유하며 공존한다는 얘기입니다.

여러분이 있는 자리를 예로 든다면 바로 그 공간에 우리가 알지 못하는 전혀 다른 물질로 형성된 4차원 세계의 강물이 흐르고 있을지도 모르며, 5차원 세계의 높은 산이 솟아올라 있는지도 모릅니다.

부처님의 가르침에 따른다면 TV를 보고 있을 때 TV 속에 등장하는 사람들이 또다시 TV를 보고 있듯 다른 차원의 세계들이 한 공간을 공유하며 존재한다는 것입니다. 참으로 불가사의한 얘기지요. 그러나 그 같은 부처님의 가르침은 분명한 사실임을 경전은 거듭 거듭 밝히고 있습니다. 우리의 눈이 열리지 않아 제대로 보이지 않을 뿐입니다.

저승의 검사령(檢事靈)
— 염라대왕

그러기에 이 세상을 등진 영혼들이 이 세상을 등진 후 최초로 갖게 되는 의문이 바로 죽었음에도 영적으로 살아 있는 데 대한 놀라움입니다. 물론 이 세상의 물질은 아닙니다만 그들은 그 같은 사실에 대한 생전의 공부가 없었던 관계로 대단한 놀라움과 의문을 갖게 되는 것입니다.

"내가 분명 죽었는데 살아 있다니 도대체 이게 무슨 일이람!" 이 같은 의문이 영혼의 마음에 불같이 일어나기에 죽은 지 얼마 안 된 영혼들은 대단한 혼란에 빠집니다. 대부분의 사람들이 육체가 죽으면 모든 것이 끝나는 것이라고 생각하고 있었기에 새로이 전개되는 세계에 대해 전혀 상상을 할 수가 없었던 것이지요.

이 세상을 등진 영혼들이 처음 들어가게 되는 세계는 중음계(中陰界)입니다. 육신은 없지만 생각은 인간계와 크게 다를 바 없는 곳입니다. 이미 여러 차례 언급했지요.

『정법염처경』에 등장하는 임종일념[9]의 중요성에 대한 가르침도 죽을 때 한 순간의 생각이 대단히 커다란 의미를 갖는다는 내용입니다. 사실상 일생의 마지막 부분에 혹독한 질병을 앓던 사람들 가운데 깨닫지 못한 영혼의 경우, 저 세상에 가서도 질병을 앓게 되는 예가 있다는 얘깁니다. 실제 그 같은 예는 일본이나 구미 각국에서 행해지고 있는 교령회(交靈會) 등의 보고에도 자주 나옵니다.

참으로 죽음 저편의 세계에 대한 백치에 가까운 인간의 무지는 심각한 문제입니다. 경전은 곳곳에서 그 사실을 밝혀주고 있습니다. 이승에서의 수행과 공부가 대단히 중요함을 부처님께서는 여

---

9 임종일념(臨終一念) : 임종 시 한 생각이 대단히 중요한 것으로 경전은 얘기한다.

러 곳에서 말씀하셨습니다.

저 세상에 가서의 몸의 크기 등도 『정법염처경』 등 경전에서 낱낱이 밝혀 놓고 있습니다. 중음계에 들어가면 지상에 살던 때의 생활상을 검사하는 검사령(檢事靈)이 있습니다. 이들 중 한 분을 가리켜 염라대왕이라 부릅니다.

영혼의
등급

이들 세상을 등진 영혼들은 사바에서의 생활상과 마음의 오염 정도 등을 검사당하며 스스로 이승에서 갈고 닦은 카르마[業]대로 나뉘어 갑니다. 중음계는 일종의 영혼 대기소이며 검사가 끝난 영혼들은 자신의 업(業)에 따라 2단계의 세계로 옮겨 갑니다.

물론 사바에 청산되지 않은 인연들과 과보를 받아야 하는 영혼들은 여러 가지 형태로 몸을 받아 다시 이 지상에 와야만 합니다. 그 같은 양태를 윤회라 하는 것이지요.

한 가족이 모두 일시에 사고를 만나 저 세상에 들어가게 되는 경우, 처음 얼마간은 함께 중음계에 있으나 그들이 지은 업 따라 시간이 지난 후 뿔뿔이 흩어져 제 갈 길을 찾아갑니다.

그런데 중음계로부터 시작되는 영(靈)들의 통신방법은 사바세계에서와 같이 언어로 교류하는 것이 아닙니다. 일종의 마음과 마음의 교신, 즉 텔레파시(Telepathy) 같은 교류수단을 씁니다. 이승에 있을 때 이심전심으로 묘사되는 마음의 교신방법은 사실상 영들의 교류방법이며, 이 같은 사실은 인간이 육신을 가진 것만이 모두가 아닌 영적(靈的) 실체임을 증명해 주는 예라 할 것입니다.

죽음 다음에 전개되는 영들의 세계는 이 세상에서와 같이 그들이 사바에서 갈고 닦은 대로 예술가들은 물론 과학자 등 나름의 작업을 계속합니다. 그들은 지상에서의 시인이라거나 소설가, 발명가 등 창작적 아이디어를 생명으로 하는 이들에게 영적 아이디어를 제공하기도 합니다. 영계(靈界)와의 연결이 끊겼을 때 인간의 창조적 능력은 저하되고 도덕 생활은 황폐되며 이 세상은 암흑에 빠지게 된다는 것입니다.

이 같은 사실 때문에 우리의 마음을 정화하고 고양시켜 영계의 리듬과 파장을 받아들일 수 있는 인격을 닦아 나갈 것이 요구됩니다. 마음이 저속하면 하급의 영들과 리듬(파장)이 일치돼 그들의 유혹에 따른 육욕과 물질욕의 포로가 됩니다. 영격(靈格)을 갈고 닦고 고양된 인격을 갖출 때 고급의 영들과 교신을 나누게 되는 것입니다.

『화엄경』에도 등장하듯 영혼에도 등급이 있습니다. 영혼의 등급을 결정짓는 요인이 여럿 있지만 그 중에도 특히 마음의 세척 정도, 공덕의 정도, 지혜의 정도, 포용력의 정도 등을 대단히 중요시합니다.

인간의 영혼에 대한 깊은 인식에서 출발하는 것이지요. 타인에 대한 관용을 바탕으로 마음을 청정하게 하고 끊임없이 공덕을 닦

아야 합니다. 기도하고 정진하며 자타불이(自他不二)의 마음을 양
성해야만 합니다. 영혼의 등급을 높이고 영격을 고양시키기 위해
서입니다.

영혼의 등급은 최근 들어 구미 각국에서 연구되고 개발된 킬리
안 사진기로 측정되기도 합니다. 인간의 몸으로부터 방사되는 빛
깔(Aura)과도 관계가 있습니다. 이제 막 영혼의 등급은 특수한 사
진기로 체크되는 실정에까지 이르렀습니다. 바야흐로 우리는 얼
[靈]의 리듬, 얼의 파장을 정화하고 고결하게 하는 데 모든 노력을
기울여야만 한다는 부처님의 가르침이 과학적으로 입증되는 단계
에 들어와 있는 것입니다.

경에도 지옥의 중음신은 느티나무를 불에 사른 빛과 같이 검
고, 축생의 중음신은 연기빛 같으며, 욕계의 중음신은 금빛 같고,
색계의 중음신은 빛이 선명하고 좋으며, 무색계는 중음신이 없다
하셨습니다.

사람들은 왜 남들이 봐주기를 바라고
특별한 대접을 받기 원할까요?
남들한테 인정받고 칭찬받고 싶어하는 만큼
칭찬에 속박돼 있기 때문입니다.

－「지광 스님의 영원한 광명의 길」 중에서

망령들의 저주

선세행업(先世行業), 현세실조(現世失調)

악귀사마(惡鬼邪魔)에 의한 병

『불설관정수원왕생시방정토경』(줄여서『수원왕생정토경』)에 보면 부처님께서 "이미 죽은 지 오래된 사람을 위해 복업을 닦아주면 정토에 날 수 있다."는 말씀을 하셨습니다. 산 자가 죽은 자에게 영향력을 미칠 수 있음을 부처님께서는 기회가 있을 때마다 강조하셨습니다. 우리가 세상을 살아갈 때 우리의 삶을 좌우하는 요소로 부처님께서는 전생의 업과 개체 의지와 보이지 않는 세계의 힘 등을 꼽으셨습니다.

전생의 업과 개체 의지는 모두 자신에 따른 것이지만 보이지 않는 세계의 힘은 자신 밖의 힘이라 할 수 있습니다. 물론 보이지 않는 영가(靈駕)라거나 불보살의 가피력도 따지고 보면 자신의 마음에 따른다고 볼 때 자신 밖의 힘이라고 얘기할 수만은 없습니다. 어쨌든 우리 삶의 큰 부분이 보이지 않는 세계의 영향력에 따라 좌우된다는 사실은 부처님의 가르침을 통해서 한결 자명해집니다.

이 같은 사실은 경전의 또 다른 곳에서 찾을 수 있습니다.『불의
경(佛醫經)』에 보면 인간의 몸에 초래되는 병의 원인으로 부처님께
서는 다음과 같은 세 가지를 꼽고 계십니다.

첫째 선세행업병(先世行業病), 둘째 현세실조병(現世失調病), 셋
째 악귀사마병(惡鬼邪魔病)에 의한 질병 등이 그것입니다. 차례로
설명을 해 본다면 에드가 케이시[10]에 의해 많이 얘기되었었죠.

전생에 지은 업으로 인한 질병과 현생을 살아가며 함부로 살든
지 해서 얻어지는 부조화로 초래된 병, 그리고 악귀와 사마로 인
한 병 등이 그것입니다. 여기에서 보아도 전생의 업과 현생의 생
활상태, 그리고 악귀, 사마 등의 보이지 않는 세계의 영향력이 얘
기되고 있습니다. 이 같은 가르침들을 통해 보아도 돌아가신 여러
인연 중생들의 마음은 산 자에게 적지 않은 영향력을 행사한다는
사실을 알 수 있습니다. 부처님의 이 같은 가르침의 실례들은 우
리 주변에서 여러 모로 목격할 수 있습니다.

어느 날 밤 꿈에 돌아가신 아버님이 나타나 "불효막심한 놈!"이
라 호령하시면서 배를 걷어 차인 거사님이 계셨습니다. 그 거사님
은 다음 날 아침에 일어나자 꿈에서 아버님에게 맞은 자리의 아픔
이 너무도 커서 병원으로 달려갔습니다. 병원에서 치료를 받았으
나 고통은 도무지 가시질 않았습니다.

몇 날 며칠을 커다란 고통 속에 지내다가 그 상황을 이상스레

---

10 에드가 케이시(1877~1945) : 미국의 유명한 초능력자. 전생을 읽는 사
    나이, 아틀란티스인 등으로 불렸다.

느낀 부인에 이끌려 법당에 왔습니다. 얘기를 들어보니 아버님이 돌아가신 지 얼마 되지 않았습니다. 49재를 지내고 난 지 얼마 후의 일이라 그때가 장마 때고 하여 선산에 무슨 이상이 있나 알아보도록 말씀을 드렸습니다.

그랬더니 산사태가 나서 선산이 모두 파괴되는 비극을 맞게 되었던 것입니다. 장마철이라 비가 그치기를 기다려 묘를 다시 쓰고 정성스럽게 모시고 나니 거짓말같이 고통이 멎었습니다.

망령들의
저주

또 이런 예도 있습니다. 건장하던 장년의 신사가 갑자기 원인을 알 수 없는 병에 걸려서 전신에 마비가 왔습니다. 재산을 온통 들여서 병을 구완했습니다. 그리하여 병세는 가라앉았으나 완치는 안 되었습니다. 가족들이 백방으로 노력했으나 아무런 성과 없이 질병에 시달리는 몸으로 지낼 수밖에 없었습니다.

그러던 중 나라에서 도로를 내는 바람에 선산을 정리하게 되어 조상들의 묘를 이장하게 되었습니다. 그 과정에 가족들은 혼비백산하고 말았습니다. 돌아가신 지 수십 년이 지났는데 시신이 전혀 썩지 않은 채 그대로 있는가 하면 또 다른 무덤은 물이 고여 있어 도저히 묘로서는 적합지 않은 장소였습니다.

이뿐만 아니라 고사에 등장하는 예들도 적지 않습니다. 단종 임금의 어머니가 세조의 꿈에 나타나 몸에 침을 뱉은 뒤 커다란 병을 얻었다는 고사(古事)며, 돌아가신 원혼들의 영향력은 듣기에도 괴로운 예들이 적지 않습니다. 경전에도 아사세왕, 바사익왕의 예가 있습니다. 부모를 살해하고 서모와 그 아들들을 살해했던 왕들입니다. 많은 사람을 만나며 종합해 본 결과, 사람들이 앓는 질병들 가운데 도저히 원인을 알 수 없다든지 희귀한 질병이라든지 하는 등의 대부분은 보이지 않는 존재들의 알 수 없는 힘의 영향력인 것으로 생각하지 않을 수 없었습니다.

질병의 예뿐만 아니라 갖가지 사고, 또는 갖가지 부조화, 다툼들의 이면에도 알 수 없는 영혼들의 영향력이 행사되는 예가 대단히 많습니다. 특히 우울증 등 정신질환과 노이로제, 암 등의 경우는 상당히 높은 비율을 차지하고 있다고 하겠습니다.

이 같은 예들은 살아 있는 사람들이 돌아가신 분들에 대해 올바른 예경을 올리지 않아 그 같은 결과가 초래된 것이 아닌가 생각됩니다. 물론 믿지 않는 분들도 계시겠지요. 부처님께서 항상 강조하셨듯이 돌아가신 분들을 정성껏 모시는 일은 우리의 의무요, 우리의 삶에 영향력을 행사합니다.

그런데 여기에서 꼭 한마디 덧붙이고 싶은 얘기가 있습니다. 갖가지 원인을 알 수 없는 질병과 재앙, 액난 등이 초래될 때 영혼을 달래고 참회하는 천도재를 지내면 곧바로 그 결과가 나타날 줄로 기대하는 것은 금물입니다. 구병시식 등 천도재를 봉행하면 효과가 있습니다만, 그것으로 갑자기 병세가 호전된다거나 상황이 나아진다거나 하지는 않습니다. 물론 그런 예도 있습니다만, 한두 번의 조상 천도로 소기의 목적을 달성할 수는 없습니다. 영혼들의 집착, 영향력 역시 대단히 집요하기 때문에 그의 제령(際靈)을 위해서는 지속적이고 정성스러운 참회가 필요합니다.

영혼의
정화

망자 천도의 공덕이 사실은 우리 자신을 위한 작업임을 분명히 알아야 합니다. 살아 있는 사람들이 죽은 망령들에게 영향력을 행사할 수 있게 되는 근본적 이유는 그들도 모두 마음을 지닌 존재라는 데서 찾을 수 있습니다.

그들이 사바세계에 살 때 수행이 짧고 여러 가지가 마음의 앙금이 되어 쌓여 있다면 그를 녹이는 작업을 어떤 형태로든 해야 할 것입니다. 마음 가운데 앙금이 녹지 않고 그대로 쌓여 있다면 영혼은 영혼대로, 그와 부정적 인연이 지어진 산 자는 산 자대로 관계가 원만치 못할 것이란 점은 생각하기에 어렵지 않습니다.

그런데 일단 이 세상을 등진 사람에게 자발적으로 원결을 녹이도록 한다는 것은 쉽지 않은 문제일 수밖에 없습니다. 그들의 관념 가운데 새겨진 내용들은 인연 중생들의 참회 없이 소멸되기가 어렵기 때문입니다. 그래서 산 자들이 마음 가운데 참회의 기도를 바탕으로 정성스럽게 망령들의 마음을 제도하게 되면 그 영향력이 점차 암흑 속에 등불을 만난 것 같은 힘을 갖게 됩니다.

삶을 엮어 나가는 데도 갖가지 타인들의 도움이 필요하듯 이 세상을 등진 영혼들에게도 마찬가지입니다. 우리와는 차원이 다른 세계로 옮겨갔다 하지만 그들 역시 어떤 형태로든 도움이 필요합니다. 이 같은 이유로 해서 망자의 영혼을 정화하는 의식의 중요성은 대단히 크다 하지 않을 수 없습니다.

속박하는 상(相)을 소멸해야
실체를 바로 보는 반야지혜가 드러납니다.
상이라는 장벽을 부수기만 하면
내 안의 부처를 만날 수 있습니다.

－「지광 스님의 영원한 광명의 길」 중에서

삶과 죽음은 꿈으로도 연결돼 있다

꿈은 현실과 영원을
이어주는 가교

　법당 어느 보살님의 말씀을 소개해 드립니다. 이 보살님은 같은 아파트 아래층에 사는 할머님을 모시고 법회 때마다 동참하셨답니다. 그런데 할머니가 돌아가신 뒤 자꾸만 꿈속에 나타나 서글픈 얼굴을 하시더랍니다. 그 할머니의 아들딸들에게 이 같은 사실을 얘기했더니 자기들에게는 전혀 꿈에 나타나시지 않는다고 얘기했습니다. 그 할머니의 아들 부부는 타종교를 열심히 신봉하는 가정이었답니다. 이 보살님이 저를 찾아오셔서 자꾸만 꿈에 할머니가 나타나시는데 어떻게 하면 좋겠느냐는 것이었습니다. 그래서 그 할머니가 금생에 보살님과 아무런 상관이 없는 사람 같겠지만 전생 어느 때엔가 대단히 가까운 인연이었던 것이 분명하니 어렵더라도 위패를 모시고 재일날 제사를 모시면 어떻겠냐고 말씀드렸습니다. 아무런 인척관계도 아닌 할머님을 절에 모시고 다녔던 인연으로 제사를 지내게 되었습니다.
　그런데 제사를 지내고 난 뒤 그 할머께서 꿈에 나타나 대단히 고맙다, 감사하다고 거듭 인사를 하시더라는 겁니다. 그 후로 그 할머니가 꿈에 보이기만 하면 꼭 좋은 일이 생기곤 하였답니다.

꿈은 현실과 영원을 이어주는 가교요, 이승과 저승을 연결시켜 주는 통로입니다. 현실세계에서는 전화, 전신 등으로 상대방과 의사소통이 되지만 현실과 죽음 저 너머의 세계와 어떻게 연결이 되겠는가? 제대로 될 수가 있는가? 이상하게 생각하시는 분들이 많이 계십니다.

우리는 사후(死後)에 대해
공부해야 한다

결코 그렇지 않습니다. 우리 모두는 육신을 지닌 영체(靈體)들이기 때문에 노력에 따라 저승의 존재들과 마음과 마음으로 이어질 수 있습니다. 죽음 너머의 존재들과의 소통양식은 바로 기도 가운데, 꿈 가운데에 있습니다.

우리 선조들이 이승을 살다가 떠난 뒤, 평안한 세계로 가셨을 경우, 그들의 표정은 밝고 기쁨에 차 있을 것이고 그 반대의 경우라면 그들의 표정은 대단히 어둡고 괴로움에 시달리는 표정일 것입니다.

살아생전의 마음자세가 죽음 저 너머의 세계에까지 영향력을 행사합니다. 특히 비명에 간 사람들의 경우, 그들의 형상이 대단히 흉하다는 얘기를 많이 듣습니다. 임종 당시의 일념(一念)이 중요하다는 부처님의 말씀대로 마음을 잘 닦아 평안히 죽는 것도 커다란 복이라 하겠습니다. 우리가 기도와 제사를 올리는 근본적인 이유는 바로 이 세상을 등진 사람들의 마음을 깨우쳐 사후 새로운 삶을 열어가게 하는 데 있습니다. 그 같은 의식을 통해 스스로의 신심도 강화됩니다.

이 세상을 등졌음에도 확연히 살아 있는 자신의 상황에 대해 분명히 이해가 되지 않아 많은 고통을 겪고 있는 영혼들을 제도하는 것은 참으로 중요한 일입니다. 살아생전 전혀 죽음 이후에 대해 생각해 보거나 공부해 보지 않은 채로 살다가 갑자기 떠난 영혼의 경우는 참으로 안타까운 상황일 수밖에 없습니다. 괴로움에 시달리는 영혼들이 자신의 고통을 자손들에게 알리고 그들의 도움으로 어떠한 형태로든지 고통으로부터 벗어나고픈 마음이 가득할 것입니다.

많은 문제가
영혼들과 연결돼 있다

각종 재일날 기도나 제사를 통해 죽음은 영혼의 새로운 탄생이며 현생의 생활은 영계(靈界)에 가기까지의 수행기간이라는 사실을 깨우쳐 줌으로써 영혼들의 마음은 차츰 열려갈 것입니다. 영혼들의 이승에 대한 집착과 애착이 크면 클수록 현실을 사는 산 자들의 삶에 부정적인 영향력을 행사하는 예가 대부분입니다.

살아생전 끊임없이 자신의 영혼을 세척하고 공덕을 짓고 지혜를 닦으며 포용력을 길러 나가는 사람들이 많지 않기에 이 세상을 등진 영혼들의 행로가 부정적일 수밖에 없기 때문입니다.

우리의 선조 가운데 선령(善靈)이 된 분들보다 악령(惡靈)이 된 분들이 더 많을지 누가 알겠습니까? 부정적인 상태에 떨어져 있는 영혼이 자신의 자녀들의 꿈에 끊임없이 출몰한다면 이것 역시 별로 기분 좋은 일은 아닙니다. 그리고 꿈속에서의 암시를 통해 부정적인 의식을 끊임없이 자손들에게 심어놓는다면 참으로 안타까운 일이 아닐 수 없습니다.

"인간(人間)의 많은 문제가 영혼들과의 밀접한 연관성 속에서 성립된다." 하는 얘기도 같은 맥락에서 이해될 수 있습니다. 우리 모두 영혼과의 접촉이 없는 순간이 없습니다. 영혼들을 잘 모시지 않고, 영계에서 보내오는 통신들을 전혀 무시하고 인간의 사고만으로 일을 처리한다는 것은 참으로 위험천만한 일입니다. 그래서 항상 기도를 강조하고 천도를 강조하는 것입니다.

저급령의 정화가
세상을 깨끗하게 만든다

영혼을 다스리고 '저급령'을 다스리게 되면 영혼의 세계가 정화되고 맑아지는 결과를 가져옵니다. 그것이 그 개인과 사회와 국가를 위해 중요한 기여를 하게 될 것입니다. 깨끗하지 못한 어두운 상념을 가진 저급령들이 주변에 넘실댄다면 우리의 삶 역시 부정적일 수밖에 없을 것입니다.

죽음에는 또 선심사(善心死)와 악심사(惡心死)가 있습니다. 살아생전 긍정적인 마음으로 살아온 사람들의 죽음은 전혀 고통과 괴로움에 시달리지 않고 평안함이 가득합니다.

요즈음 하도 코로나니, 교통사고니, 암이니 하여 각양각색의 사고로 요절하는 사람들이 많은데 왜 그와 같은 재앙이 덮쳐드는가에 대해 반추해 봅니다.

비시사(非時死)가
초래되는 이유

부처님께서는 제명에 죽지 못하는 경우를 비시사(非時死)라 하셨습니다. 다음과 같은 여덟 가지의 경우에 비시사가 초래됩니다.

첫째, 수명을 유지할 만한 선업(善業)이 부족할 때.

우리는 이 땅에 많은 사람의 삶에 기여하기 위해서 왔습니다. 그런데 많은 사람의 삶에 기여하지 못하고 오히려 해악만을 초래한다면 그는 이 세상에서 존재의 가치성을 상실하고 맙니다.

둘째, 복력과 공덕의 힘이 다했을 때.

이 세상에 빛을 보게 되었을 때 우리에게는 몇 십 년이라는 수명이 주어집니다. 60년, 70년, 80년 등 백 년 안팎의 수명이 주어지는데 이 같은 수명은 그 기간 동안 우리가 먹고 살 만한 공덕과 복력을 쌓았기 때문입니다. 수명복(壽命福)이라 하지요. 만약에 음식을 낭비한다든가 공덕과 복덕이 모자라든가 하면 삶의 계속성을 상실하고 맙니다.

셋째, 상대방의 생명이나 모든 생명을 함부로 해서 자신의 수명으로 갚아야 되는 업[捨壽業]이 발생했을 때.

산 생명들은 이 세상에 자신의 생명을 누리기 위해 왔습니다. 그런데 그들의 생명을 함부로 하면 스스로의 목숨으로 탕감해야 합니다.

넷째, 개인 및 집단의 업(業)으로 인한 횡액을 만났을 때.

우리의 삶 가운데 짓게 되는 업은 개인의 업이 크지만 집단의 소속원으로 피치 못하게 받아야만 되는 업이 있습니다. 그러한 업을 집단의 업(業)이라 부르는데 자신의 의지와는 관계없이 재앙을 만나게 될 때가 있습니다. 비행기를 탔다가 추락을 당하거나 산사태 등으로 참변을 당하게 되는 경우 등 모두 그곳, 그 상황에 있어야 하는 집단의 업 때문입니다. 코로나도 마찬가지입니다. 그래서 좋은 집단, 좋은 장소, 좋은 나라에 태어나는 것이 참으로 중요합니다.

다섯째, 음행을 많이 하고 청정덕행을 닦지 않았을 때.

음행을 많이 하면 수명이 감퇴될 수밖에 없습니다. 또한 함부로 아무렇게나 살면 부처님 계신 사원인 소중한 몸을 보전할 수가 없습니다.

여섯째, 먹을 음식과 양곡이 부족하고 부적합할 때.

상황의 변화에 따라 지은 바 복업이 약하면 도리가 없이 재앙을 만날 수밖에 없습니다.

일곱째, 의술을 이용하지 못할 때.

여덟째, 영혼들에 의한 액난을 만나야만 되는 인연일 때.

이와 같은 여덟 가지의 경우, 재앙을 만나 피할 수 없는 죽음을 맞게 된다 하셨습니다.

부처님의 가르침대로 우리는 자신의 삶을 노력과 공덕이 가득한 세계로 이끌어야만 할 것입니다. 코로나를 만나면서 느끼시는 게 없으신가요?

삶이란 변하기 때문에 괴롭지만
한편으로는 변하기 때문에
희망이 있고 살아가는 보람도 있는 것입니다.

－「지광 스님의 영원한 광명의 길」 중에서

삶과 죽음은 하나, 산 자와 죽은 자는 하나

우리는 모두
죽는다

　우리는 모두 죽습니다. 우리는 모두 죽음을 향해 가는 존재입니다. 삶이 있는 곳에는 필연적으로 죽음이 있습니다. 죽음이란 상상의 세계도, 추상의 세계도 아닙니다. 죽음은 이승과 저승의 통로요, 삶과 죽음은 단절된 세계가 아니라 생활 속의 이쪽저쪽일 뿐입니다. 죽음은 항상 우리와 함께 있습니다. 빠르게 흘러가는 강물과 같은 물질적인 이 세상에서 모든 사람은 부부로, 친척으로, 친구로 만났습니다.

　여러 가지 유통 경로를 통해 물건들이 끊임없이 매매되어 한 장소에서 다른 장소로 옮겨집니다. 그처럼 인과응보의 결과에 따라 여러 종류의 형상을 갖춘 삶으로 여러 종류의 육체에 담겨져 온 우주를 헤맵니다.

　때로는 좋은 관계로 때로는 나쁜 관계로, 때로는 좋은 몸으로 때로는 나쁜 몸으로, 때로는 사람으로 때로는 짐승으로 각양각색의 몸을 받으면서 과거생에서 행했던 행위에 따라 결정되어 이사

다닙니다. 우리는 지금까지도 수없는 생을 살아왔습니다. 부처님 말씀에 따르면 지옥에서 인간성이 말살된 뒤 하등동물로부터 때로는 식물로, 곤충으로 휘몰아 다니면서 사람 몸을 받아 여기까지 왔습니다. 참으로 어려운 길을 헤매며 여기까지 온 것입니다.

경전에 따르면 하급 동식물의 육체를 수도 없이 겪은 후에야 인간의 육체를 얻을 수 있습니다. 인간의 육체를 얻은 우리가 인간답지 않은 행위를 하면 또다시 하급한 존재로 전락하고 만다는 것이 부처님 가르침입니다. 그 같은 물질적 삶의 고통스런 회전목마에서 내려 부처의 길을 걸어야만 합니다.

한 조각 배와 같은
우리의 몸

끊임없이 움직여 다니지만 마음 가운데 존재하는 영혼의 실체는 인연에 관계없이 불생불멸입니다. 부모와 아들, 친구와 적 이렇게 관계를 맺지만 그것은 모두가 업에 따른 오해의 소산일 뿐입니다. 감정적으로 행동하는 것은 우리의 본질을 몰라서입니다. 그가 죽으면 그 같은 관계는 업 따라 계속 이어지겠지만 본질적인 우리의 마음은 영원하여 나고 죽음에 관계가 없습니다. 진정 갖가지 인연의 상황에서 서로간에 죽이고 죽는 업으로 처절한 비탄에 얽혀들지 말아야 합니다.

인연의 사슬, 업보의 사슬에서 벗어나야만 윤회의 굴레를 내려

놓을 수 있습니다. 우리의 본질은 부처님이고 시작도 끝도 없으며 태어나지도 죽지도 않는 무한자적인 존재입니다. 그러나 그를 망각했기에 생사의 고해에 뛰어들어 무진한 고통을 겪는 것입니다. 세상은 그래서 탄생과 죽음의 바다요, 인간의 육체는 그 같은 험난한 바다를 건너가기 위해 고안된 한 조각배입니다. 그 같은 한 조각배가 깨지면 우리의 삶은 끝이 나고 맙니다.

　한 조각배와도 같은 우리의 몸을 집에다 비유하기도 합니다. 아무도 바다 한가운데에서 배가 깨지는 것을 원치 않듯이 아무도 강제로 그의 집에서 내쫓기고 싶지 않을 것입니다. 우리의 영혼 역시 삶에 집착하고 육체에 집착한 나머지 물질적 육체로부터 쫓겨나고 싶지 않을 것입니다. 그에 강력히 저항할 것입니다. 그래서 우리의 죽음은 대단히 고통스럽습니다. 가장 작은 곤충들도 미물 중생도 그들의 삶이 위협 받을 때 과연 어떠한 행동을 취하나요? 코로나 등의 예를 보며 어떻게 살고 계시나요?

✼

자신을 원망하고 한탄하면 되는 일이 없습니다.
자신을 굳게 믿고 꾸준히 가야 합니다.
스스로 믿지 못하면
아무도 믿어주지 않기 때문입니다.

　　　　　　　　　－「지광 스님의 영원한 광명의 길」 중에서

과거로부터 해방시켜 제 갈 길로 나아가게 해야 한다

하나는 영원이다
무한이다

닦으면 닦을수록 빛이 더합니다. 깨끗해지면 깨끗해질수록 더러움은 쉽게 드러납니다. 더욱 더 맑아질수록 오염을 떠난 아름다움을 느끼게 합니다. 그러나 눈에 보이는 세계는 다시 더러워지게 마련이어서 끊임없이 닦아내는 노력을 게을리 해서는 안 됩니다. 왜 끊임없이 오염될 수밖에 없을까요? 우리의 번뇌 때문입니다. 번뇌 속의 즐거움, 사랑 등은 모두가 항구적이질 못합니다.

모두가 깨지는 즐거움이요, 깨지는 사랑입니다. 사바세계의 즐거움과 사랑 가운데 영원한 것이 있나요? 깨어지지 않는 즐거움과 아름다움이 있나요? 모두가 시간과 공간의 한계 내의 즐거움이요, 사랑입니다. 죽음이 모두를 앗아가는 그런 즐거움이요, 사랑입니다. 결코 영원하지 않습니다. 깨지지 않는 즐거움과 아름다움이야말로 참이요, 영원입니다.

깨지지 않는 세계란 과연 존재할까요? 영원한 세계란 존재하는 것일까요? 부처님의 대답은 '예스(yes)'입니다. 깨지지 않는 세계란 하나된 세계입니다. 하나는 영원입니다. 하나는 무량이요, 무한입니다. 왜 법을 따르라고 할까요? 법은 진리이기에, 진리는 하나이기에 모두를 하나로 만들 수 있는 무한한 힘이기에 그렇습니다. 진리를 생활화하는 자는 그래서 무한한 힘을 갖습니다.

영가들은 과거 상념의
희생자들이다

상대와 절대란 말이 있습니다. 절대는 상대를 떠난 자리입니다. 상대는 나와 남이 있는 세계입니다. 절대는 영원의 세계이고 깨어짐이 없는 세계입니다. 상대의 세계는 항상 깨어지고 부서지는 세계입니다. 나와 남이 있는 세계이고 고통이 넘실대는 세계입니다. 부처님과 보살님들은 상대의 세계에서 절대세계의 아름다움과 즐거움을 가르칩니다.

그런데 상대의 세계를 사는 존재들은 절대세계의 아름다움을 모릅니다. 깨어지지 않는 즐거움을 모릅니다. 그들은 깨어지고 부서지는 즐거움을 가슴 아파하며 그에 집착합니다. 영원의 즐거움은 놓쳐 버리고 깨어져 부서지는, 그래서 허망한 즐거움에 애착하여 고통과 괴로움에 울부짖습니다. 그들은 깨어지는 세계의 허망함에 몸과 마음을 던집니다. 그 결과 갖가지 원한을 나누며 고통을 자초합니다. 참으로 그들은 과거 상념(想念)의 희생자들입니다.

집착과 허망을 떨쳐내지 못해 괴로워하는 영가들! 그들의 앞날은 열리지 않고 과거의 노예가 되어 진보를 모릅니다. 많고 많은 영가들, 이 땅을 살다 떠난 영혼들의 사후 양상입니다. 갖가지 미련과 집착으로 악도를 헤매는 많은 영가를 도와야 합니다. 그것은 우리 모두의 책무이자 사명입니다. 순간에 초래되는 죽음이기에 삶에 대한 애착이 강렬할 수밖에 없는 처량한 영혼들, 그들에게 바른 길을 열어주는 일은 우리에게도, 그들에게도 모두가 중요한 일입니다.

사후에도 강렬한 애착은
계속된다

우리가 세상을 살면서 마음에 지녔던 집착과 애착을 죽음 다음 과연 쉽사리 놓을 수 있을 것인가 생각해 보십시오. 돈에 대한 애착을 쉽게 놓아버릴 수 있습니까? 아름다운 아내, 착한 남편에 대한 사랑을 쉽사리 놓아버릴 수 있나요? 자식에 대한 사랑은 또 어떤가요? 그밖의 것들 역시 우리의 마음을 붙들고 놓아주지 않습니다. 순간에 죽음이 초래되는 영혼의 경우는 이미 얘기한 대로입니다.

그들의 애착은 세상을 떠났다 해서 끝나는 것이 아닙니다. 이승에 살면서 부처님 공부를 통해 애착을 녹여 내리려 애쓰신 많은 분은 그 같은 공부의 덕을 톡톡히 보실 것입니다. 그러나 그렇지 못한 영혼들이 대부분인 현실 아닌가요? 이 땅에 존재하다가 숨결 같이 사라져간 영가들의 애착은 결코 산 자의 애착 못지않습니다. 오히려 산 자의 애착보다 더욱 더 강하다는 얘기가 결코 빈말이 아닙니다.

그들의 애착과 원결은 모두가 과거의 상념입니다. 그의 대상이 되는 사람들은 그들의 유형, 무형의 영향력 아래에서 과거의 업을 되풀이할 수밖에 없습니다. 전혀 미래지향적이지를 못합니다. 결국 죽은 자들도 대단히 불행하고, 산 자들 역시 앞길을 제대로 열어갈 수가 없습니다. 어느 것도 제대로 되질 않습니다. 영혼의 훼방꾼들이 끊임없이 준동하기 때문입니다. 그래서 상대방에게 원한을 짓지 말라 하는 것입니다.

애지중지 아끼며 소중하게 여기는 몸도
머지않은 장래에 다 늙게 돼 있습니다.
이와 마찬가지로
모든 현상이 참된 것 아닌 줄 알고
본질을 바로 볼 줄 알아야 합니다.

－「지광 스님의 영원한 광명의 길」중에서

기도·천도는 백신(Vaccine)

식(識)의 세계와
컴퓨터 바이러스(VIRUS)

보이는 세계에 대해서만 관심 있는 사람들은 보이지 않는 세계가 과연 우리에게 어떠한 영향력을 행사하는 것인지에 대해서는 반신반의합니다. 그런데 보이지 않는 세계는 공기라는 형태로 우리의 삶에 결정적 영향력을 행사합니다. 허공이 부처님의 몸이라 하듯 우리는 그 허공을 통해 호흡해야 합니다. 그러므로 보이지 않는 세계, 허공은 생명의 원천입니다.

부처님께서는 우리가 수명이 다하면 식신(識身)으로 존재한다고 말씀하셨습니다. 식(識)은 눈에 보이지 않는 세계인데 과연 우리의 삶에 영향력을 행사할 수 있을까요?

많은 사람이 보이지 않는 우리의 부모, 형제, 자매들이 우리에게 어떠한 형태로든 영향력을 행사하고 있다는 사실을 제대로 이해하질 못합니다. 보이지 않는 세계가 영향력을 행사하는 예를 컴퓨터의 원리에 비교해보면 한결 이해가 쉬울 것입니다.

식(識)을 가리켜 일종의 정보적 내용이라 얘기합니다. 내가 대상을 보면 안식(眼識)이 생기고, 소리를 들으면 이식(耳識)이 생기는 등의 예를 보면 식(識)은 정녕 정보의 실체라는 말이 실감납니다. 그런데 정보란 시간과 공간을 초월한 것이어서 한 편의 비디오(Video)를 정보라 할 때 여기에서 미국으로 보낼 수도 있고 만년 뒤에까지 계속 복사해서 전해질 수도 있습니다.

이와 같은 정보의 세계에 재미나는 현상이 있습니다. 컴퓨터의 세계를 보면 바이러스(Virus)라는 말이 자주 등장합니다. 의학에 쓰이는 바이러스라는 용어가 컴퓨터에도 사용됩니다. 컴퓨터 바이러스에 노출된 정보는 전혀 못쓰게 되고 엄청난 혼란과 재앙을 초래하게 됩니다. 식(識)을 정보라 할 때 허공에 가득 차 있는 보이지 않는 식(識)과 대비해 보면 참으로 많은 시사점을 얻을 수 있습니다.

영혼[識]의 오염을 정화하는 것은
참으로 중요하다

나에게 부정적인 마음을 지닌 채 이 세상을 떠난 사람, 원한과 원망을 지닌 채 떠난 사람 등등이 있습니다. 살아 있는 사람들도 모두 육신이란 겉옷을 걸친 식(識)의 존재라 할 때 나에 대해 나쁜 마음을 지닌 식(識)들을 얼마든지 상정할 수 있습니다.

그들은 나에게 부정적인 정보를 지닌 일종의 컴퓨터 바이러스처럼 나의 식(識) 가운데 부정적 정보를 얼마든지 입력할 수 있을 것입니다. 갖가지 정신병에 시달리는 많은 사람, 우울증 등 정신질환의 상당부분을 영혼의 식(識) 바이러스에 오염된 상태라 부른다 해도 지나치지 않습니다.

우리의 식(識)은 언제나 보이지 않는 허공 가운데 존재하는 만큼 강한 집념을 가진 악성 식(識), 바이러스에 오염될 가능성이 천만 퍼센트입니다. 그 결과 흔히 얘기하듯 '제정신'이 아닌 상태가 되고 맙니다. 공기가 탁하듯 허공이 탁하면 그 나라 국민의 정신 상태도 부정적일 수밖에 없습니다. 인류도 마찬가지입니다. 코로나 바이러스를 보세요.

식(識)의 정화야말로 스스로는 물론 국가와 민족·가정·사회 모두를 위해 대단히 중요한 과제 중의 과제입니다. 식(識)의 오염은 각종 정신질환뿐 아니라 신체의 질병도 함께 초래합니다. 특히 국민정서의 혼탁을 초래해 사회 전반을 혼탁하게 만듭니다. 그래서 부처님께서는 오탁악세라는 말씀을 하셨고 견탁(見濁)·중생탁(衆生濁)이라 하셨던 것입니다.

진정 식(識)의 정화의 중요성은 아무리 강조해도 지나치지 않습니다. 각종 언론 홍보 매체, TV 등등의 문제점과 해악은 우리 사회를 점차 수렁에 빠뜨리는 결과를 초래하고 있기 때문입니다. 갖가지 환경오염의 문제들은 우리의 의식(意識)을 서서히 좀먹고 있습니다. 그 결과 우리 모두 서서히 파괴되는 재앙의 길목으로 접어들 수밖에 없습니다.

영혼[識]의 정화는 진실로 수행의 삶과 영혼 천도를 통해 가능합니다. 우리는 모두 부처님 전에 모여 끊임없는 부처님 말씀을 바탕으로 자신의 영혼을 정화하고, 6바라밀행, 기도 정진과 참선과 명상을 통해 영혼의 바이러스(Virus) 오염을 방지해야 합니다. 더럽고 탁한 음식물로 인해 몸도 썩어 가지만 더럽고 탁한 말과 생각과 행동으로 우리의 정신도 서서히 썩어 가고 있습니다. 그 결과 세상은 점차 거대한 파멸의 기운을 드러낼 수밖에 없습니다.

보이지 않는 세계 영혼들의 오염된 마음, 원한, 집착 등등의 마음을 정화하는 것이 중대한 문제이기에 영혼 제도의 중요성은 크고 또 큽니다. 보이지 않는 세계의 무량한 식신(識身) 즉, 영혼을 정화해서 세상을 정화하고 가정을, 사회를, 나라를, 우주를 정화해야 합니다. 그 공덕은 참으로 무량합니다. 부처님께서도 천도재의 공덕을 무한하다 하셨습니다.

앞으로도 어떤 바이러스가 생겨날지 모릅니다. 사스, 메르스, 코로나 바이러스를 상기해 보세요. 기도와 천도는 백신(Vaccine)입니다.

스스로 밝아지지 않으면
광명의 세계에 데려다 놓아도
다시 어둠의 세계로 찾아들어 가는 것이
우주의 법칙입니다.
　　　　　　　　　－「지광 스님의 영원한 광명의 길」 중에서

4장

우주의 장

생명은 호흡이다.
호흡은 허공이다.
허공은 부처님이다.
생명은 부처님이다.
눈을 뜨고 있을 때 호흡을 느낀다.
잠이 들면 호흡을 잊는다.
호흡을 잊는다는 것은 호흡과 하나된다는 것,
호흡과 하나된다는 것은 허공과 하나된다는 것,
시간과 공간이 떨어지고
꿈의 나라, 부처님 나라를 만난다.
꿈속에서 죽은 자를 만난다.
미래를 만난다.
수면 숙면이 영면이 된다.
우리는 잠자듯이 죽는다.
잠과 꿈과 죽음이 하나다.

우리 모두는 우주와 연결돼 있다

우리의 생명은
허공이다

숨이 나갔다 들어오지 않으면 죽음입니다. 이내 시체가 됩니다. 모든 기관이 정지됩니다. 도대체 숨결이란 무엇인가요? 어마어마한 메커니즘을 가동시키는 것이 숨결이라면 숨이 곧바로 생명인가요? 항상 공부하신 내용입니다만, 부처님께서는 우리의 생명은 호흡에 있다 하셨습니다. 생명이 호흡이라면 사실상 우리의 생명은 들락날락거리는 것인가요? 결국 죽음이란 나갔던 숨이 들어오지 않는 것이고 그 생명인 숨은 허공으로 떠나가 버립니다.

고차원이 저차원을 유지하기 위한 방편이 호흡입니다. 절대가 상대를 유지하기 위한 배려가 호흡입니다. 중생을 부처로 만들기 위한 배려가 호흡입니다.

이해하기가 쉽지 않지만 허공은 바로 무한한 생명의 바다요, 우리 눈에 보이지는 않지만 무한한 생명이 우리와 함께 삶을 같이하고 있다는 것입니다. 현실이 영원입니다. 본래 허공이 부처님의 몸이기에 무한대의 생명체들은 차원은 달라도 부처님 품안에 함께 살아가고 있습니다. 그들은 우리를 낱낱이 지켜보며 보살펴 주기도 하고 징벌을 가하기도 하면서 같은 공간을 살아가고 있습니다. 그런데 우리는 왜 그들을 제대로 만나지도, 이해하지도 못한 채 살고 있을까요? 무명 때문이고 우리의 지혜의 눈이 열리지 않아서입니다. 우리의 눈이 열리면 그들을 모두 만날 수 있습니다. 우리는 육안(肉眼)으로만 만상을 보는 줄로 압니다. 그러나 결코 그렇지 않습니다. 자, 한번 생각해 보세요.

우리는 또 다른 차원의
별세계를 살고 있다

'어제 이맘때 쯤'을 떠올려 봅니다. 어제 이맘때 쯤의 그림이 떠오르시나요? 그 그림들을 바라보고 있는 눈은 분명 육안이 아닙니다. 어제 이맘때 쯤에 카페에서 그 사람을 만날 때 그 카페에서 울려 퍼지던 음악도 다시 흐르지 않습니까? 그 음악도 들리지요? 그 음악을 듣는 귀 역시 육신의 귀가 아니잖아요? 네, 그렇습니다. 분명 우리는 육신의 세계에 살면서 전혀 다른 또 하나의 세계, 마음의 세계, 상념의 세계라 불리는 별세계를 살고 있습니다. 이 사바세계의 생명체이면서 별세계를 사는 게 분명합니다.

과연 그 세계는 어떠한 세계인가요? 부처님 말씀대로라면 그 세계는 보이지 않는 세계요, 우리가 사는 세계와는 전혀 차원을 달리한 세계입니다. 우리가 자신을 가만히 살펴보면 나의 의지대로 인생을 살아가는 것 같지만 결코 그렇지 않습니다.

우리에게는 밤이고 낮이고 계속 찍어대는 카메라맨이 있습니다. 그 카메라맨은 내가 찍지 말라고 명령을 내려도 전혀 아랑곳하지 않습니다. 강력한 명령을 내려도 전혀 개의치 않고 계속 찍어 대며 자기 할 일만 합니다. 전적으로 나의 통제권을 벗어난 존재입니다. 왜 계속 찍어 댈까요? 인과의 세계임을 입증하기 위한 부처님 나라의 사자이기 때문입니다.

우리의 정보가 외계로, 우주로
방송되고 있다

찍어대는 영상은 순간순간 그때의 상황을 담은 정보를 방사합니다. "계향, 정향, 혜향, 해탈향, 해탈지견향" 하지 않습니까? 계(戒)를 잘 지키면 우리 몸에서 향기가 방출됩니다. 숭고한 생각을 담은 정보가 방출돼 "광명운대 주변법계 공양시방 무량불법승"입니다. 광명의 구름 같은 정보가 되어 법계에, 곳곳마다에 계신 시방의 무량한 불법승 삼보님께 공양을 올리는 것입니다. 우리의 수행이 그대로 부처님께 올리는 공양입니다. 그 결과 부처님께 명훈가피력을 발원합니다.

우리가 말 한 마디, 생각 하나, 행동 하나 할 때마다 우리 몸으로부터 10억 년이 지나도 소멸되지 않는다는 광자(photon)를 방사합니다. 광자가 의식이 있다는 사실은 과학자들이 이미 입증한 바 있습니다. 존 벨(John Bell)의 실험[11]이 그러합니다. 광자 이하의 단위들도 있겠지요. 부처님과 하나인 세계도 우리의 몸과 마음 가운데 있습니다. 우리 몸과 마음에서 순간순간 방사되는 향기의 정보가 곧바로 부처님께 전달되듯, 우주의 무량한 보이지 않는 생명체와도 연결됩니다.

우리 눈에 보이지는 않지만 허공 가운데는 그들이 갈고 닦은 정도에 따라 무량한 생명체가 존재합니다. 우리는 이 땅에 살면서 상념의 파동을 통해 그들과 연결돼 있습니다. 우리 몸에서 방사되는 정보는 결국 마음의 카메라맨이 계속 찍어대는 필름들과 한 묶음입니다. TV 전파가 집집마다에 영상을 만들듯이 우주의 무량한 존재들이 모두 나의 정보를 담은 필름을 보면서 우리를 지켜보고 있습니다. 우리가 TV를 지켜보고 있을 때 불우이웃돕기라든지 수재민 구호금 모금운동들을 보면 기부금을 내지 않습니까? 마찬가지로 우리를 계속 찍어대고 있는 카메라맨의 필름은 우주로 방송돼 보고 싶은 사람은 누구나 볼 수 있습니다.

---

11 존 벨(1928~1990)의 실험 : 영국의 물리학자. 전자를 깨뜨린 후 튀어나온 광자를 편광판으로 막는 실험을 통해 소립자인 광자가 의식이 있음을 밝혀낸 유명한 실험. 날아가는 광자를 편광판으로 막았더니 광자들이 일제히 허공에서 서 버렸음.

우리 모두는
부처님 왕국의 주인이다

그러면 우리가 계속해서 기도를 통해 외계에 SOS를 치면 어떻게 될까요? "내가 어떤 소원을 세워 열심히 기도드리고 있는데 불우이웃 돕는 것처럼 나를 도와주십시오." 하면 어떻게 될까요? 누군가 도움을 줄 사람이 나타납니다. 지성이면 감천인 게지요.

부처님 말씀대로라면 우리는 지금 이 땅에 살면서도 외계와 통합니다. 외계와 직통으로 연결돼 있습니다. 연결자 역할을 하는 사람은 누구일까요? 바로 그 카메라맨입니다. 그는 지금도 내 일거수일투족을 계속 외계로 방송 중입니다. 대단히 불가사의한 일입니다만, 지금도 여러분은 방송되고 있습니다. 여러분의 일거수일투족이 그 방송을 통해 누구에겐가 모두 알려지고 있다고 해도 과언이 아닙니다.

CCTV 같다고나 할까요? 그래서 좋은 필름, 좋은 컨텐츠를 만들도록 해야만 합니다. 또 열심히 기도해야만 합니다. 열심히 천도해야만 합니다. 기도하면 분명히 이루어지는 도리가 바로 여기에 있습니다. 그래서 다른 짓 하지 말고 부처님과만 친하라고 하는 것입니다. 부처님만 부르라 하는 것입니다. 또 비우고 버리고 베풀라는 이유입니다.

그래야 파동이 정화되고, 정화된 존재들과 만날 수 있고 부처님과 만날 수 있으며 결국 이 땅을 등지면 자기와 관계 있는 존재들의 세계로 가는 것입니다. 부처님과 하나되기만 하면 부처님 세계의 지혜와 복덕의 정보가 계속 흘러들어올 것입니다. 우리 모두는 부처님 왕국의 주인입니다.

성공을 생각하면 성공할 것이요,
실패를 생각하면 실패하는 법입니다.
자신을 크게 믿어보세요.
확신에 찬 행동이 성공의 열쇠가 됩니다.

－「지광 스님의 영원한 광명의 길」중에서

투철한 심사와 검증이 그대들을 기다리고 있다

**광대무변한 우주는
부처를 양성하는 학교다**

광대무변한 우주를 학교라고 생각하는 사람이 얼마나 될까요? "삼계는 해탈이다. 죽음도 삶도 해탈이다." 말씀하신 참뜻은 무엇일까요? 해탈은 열반이요, 부처님입니다. 티끌 속에 통해 있는 진리는 우주와 하나이고 우주 시방 법계에 두루 통해 있다고 하신 가르침대로 하나는 전체이고 전체는 하나입니다. 온통 부처님입니다.

어머니의 태를 빌려 생겨나 이 땅에 빛을 보게 된 것도 모두가 우주를 관통하는 부처님의 거룩한 법에 따라 전개된 것입니다. 광활한 우주는 부처님의 몸이요, 마음이며 무량 중생의 자궁입니다. 불자라 불리는 것도 결코 우연이 아닙니다. 우리는 정녕 육신은 어머니 아버지의 분신인 것이 분명하지만 우리의 마음은 부처님의 자녀입니다. 하나입니다.

태교라는 게 있어 어미의 뱃속에서부터 공부를 합니다. 이 세상의 빛을 보고 난 뒤에도 우리의 공부는 계속됩니다. 이 세상을 살기 위한 공부지만 그 역시 부처의 길을 가는 공부의 일환입니다. 물론 학교에서 죽음과 삶과 영원에 대해서 가르치지는 않습니다. 그러나 광대무변한 우주의 주재자이신 법신(法身)은 무량 중생에게 화신(化身) 부처를 보내시어 끊임없이 중생들을 교화하십니다. 중생들은 부처님의 배려를 제대로 깨닫지 못하고 눈에 보이는 세계만이 모두인 양 그에 집착하며 한 세상을 살다 한숨 속에 떠납니다. 부처님 가르침대로 끝없는 죽음과 삶의 반복, 끝없는 태어남의 연속, 그 의미는 도대체 무엇일까요!

죽음은 완벽한 단절을 통해
버림의 미학을 가르친다

우선 끝없는 윤회라 불리는 죽음과 삶의 반복을 생각해 보세요. 부처님 가르침에 따르면 죽음은 한없는 버림을 통해 더 이상 버릴 것도 취할 것도 없는 그 자리를 향해 나아가는 과정이라 부릅니다. 우리는 이 땅을 살면서 한없이 취하려는 마음을 떨쳐내지 못합니다. 모두가 돈, 명예, 욕망 그 모두를 끌어들이려고 혈안이 됩니다. 이 세상에 무언가 베풀고 내려놓으려는 마음은 찾아보기가 힘듭니다. 죽음은 내려놓기를 강제합니다. 강요된 죽음은 깊이 생각하면 자비입니다.

부처의 길은 나와 남이 없는 사랑과 자비의 길, 그러나 대부분의 사람들은 그 같은 길을 역행하며 삽니다. 법대로 살지 못하기에 그들의 죽음은 항상 애처롭고 당황스러우며 한이 가득합니다. 진실로 후회막급인 예가 대부분입니다. 죽음을 전혀 고려하지 않은 채 살다보면 어느 결에 죽음이 덮쳐듭니다. 이 같은 현실을 어떻게 받아들여야 할까요. 한탄스러운 마음이 들 때가 한두 번이 아닙니다. 모두 떠나고 싶지 않은 길을 애처롭게 떠나니 말입니다. 그들에게는 처절한 현실과의 단절이 주어집니다. 자신의 의사와는 전혀 관계가 없습니다. 고려조차 되지 않습니다. 그들은 살아생전 삶의 의미, 인생의 참뜻에 대한 공부가 필요했습니다.

이렇듯 기습적으로 강행되는 죽음의 의미는 우리에게 이 세상의 삶에 대한 철저한 학습을 요구합니다. 불교는 죽음에 대한 투철한 공부이며, 삶에 대한 분명한 의미를 파악하도록 가르칩니다. 진정 광활한 우주, 그리고 세상이 엄정한 학교임을 명확히 가르칩니다.

얼마나 투철한 심사와 검증의 과정을 통해
이 땅에 온 줄 아는가?

이 세상에 존재하는 무수한 종류의 생명체를 보세요. 사람, 소, 말, 양, 돼지, 개는 물론 갖가지 미물 중생들에 이르기까지 모두가 자기의 생명을 부여받고 각자의 길을 갑니다. 그 모든 생명체를 그 자리에 있게 한 그 힘은 도대체 무엇일까요? 그 위신력에 대해서 어떻게 생각하십니까? 어느 종교에서는 하나님이라 가르칩니다. 불교에서는 업력이라 말하지요. 내가 왜 우리 어머니의 배를 타고 나왔고, 왜 무슨 이유로 우리 아버지를 인연하고 형제를 인연하고 여기 이곳에 존재케 되었을까요? 진지하게 생각해 본 적이 있으신가요?

부처님은 삼계육도를 말씀하셨고 모두가 무량겁의 인연 따라, 업력 따라 그곳에 있게 되었다고 하셨습니다. 우리가 이 땅에 올 수밖에 없었던 이유를 생각할 때 얼마나 투철한 심사와 조사의 과정 그리고 검증의 과정을 거쳤을까를 생각하게 됩니다. 왜 나는 소가 되지 않고 돼지가 되지 않고 사람이 되어 이 땅에 존재할 수 있었을까요? 분명 그 같은 사건의 이면에는 대단히 엄청난 검증의 과정이 있었음이 분명합니다. 특별한 계량의 수단에 따른 성적 평가가 있었음이 확실합니다. 왜 나는 소, 돼지가 되지 않고 사람이 되었는지 스스로에게 물어본 적이 있습니까? 아마도 그 같은 점에 대해 심각하게 생각하지 않고 그냥 생겨난 자리에서 생겨난 대로 살기에 급급했을 것입니다.

엄정한 심사에 낙방한 사람이 있다면
어떻게 하겠는가

우리가 이 땅에 사람으로 떨어지게 만든 그 엄청난 검사와 검증 그리고 심사가 태어난 것으로 끝나는 것일까요? 결코 그럴 리 없습니다. 결코 그럴 수 없습니다.

광대무변한 우주가 학교이고 여기 이곳도 학교요, 해탈의 학교라면 여기서도 엄정한 성적이 계속 매겨지고 있을 것이란 사실은 생각하기에 어렵지 않습니다. 우리는 필연적으로 죽을 것이고 우리를 이 땅에 오게 한 그 검증 과정이 이 땅을 떠나 저 세상에 들어갈 때도 또다시 거듭될 것입니다. 윤회의 사슬이 계속되기에 우리의 죽음 이후의 또 다른 삶을 위한 검증 역시 대단히 투철하고 철저할 것임은 불을 보듯 명확합니다.

이 땅에 등장한 인물들의 면면을 보세요. 어떤 인물들은 재벌로, 왕후장상으로 태어나고, 어떤 인물들은 비천하고 비루하게 태어납니다. 그 무슨 법칙이 있어 그 같은 출생을 가능케 할까요? 그 어떤 두렵고 무서운 법칙이 있기에 그 같은 현실을 연출하는 걸까요? 정녕 이 땅을 등지기에 앞서 우리는 우리의 죽음 이후 전개될 심사와 검증 과정에 대한 철저한 대책을 세워야 합니다. 죽음이 두려운 것이 아니고 삶이 두렵지 않습니까!

연(鳶)은 바람이 반대편에서 많이 불수록
더 높이 납니다.
그래서 역풍(逆風)은
연에게 반가운 존재입니다.

－「지광 스님의 영원한 광명의 길」 중에서

인도령의 존재

태어나는 순간
죽는 날짜도 정해진다

우리가 사는 세상은 생멸의 법칙에 따라 전개되는 세상입니다. 부처님 말씀대로 이 육신은 한 조각 구름이 생겼다가 사라지는 것과 같아서 이 세상에 존재하는 어떤 존재도 이 우주의 이법(理法)에서 벗어날 수는 없습니다. 사람은 어떤 과정을 거쳐 이 세계에 진입하게 되며 또한 다른 차원으로 전생(轉生)하는가를 생각해 보십시오.

부처님께서는 이미 말씀드린 대로 생명은 호흡에 있다고 하셨습니다. 어머니 탯줄에 연결되어 이 생명을 시작하는 것처럼 우리도 영원의 탯줄, 부처님의 세계와 연결된 채로 태어나 살아갑니다. 태어나면서부터 두 개의 콧구멍으로 부처님 몸인 허공과 연결됩니다. 항상 말씀드린 대로 우리 생명이 호흡에 있다고 한다면 결국 허공은 생명 자체이며 무한한 생명의 원천인 것입니다.

호흡을 한 번 할 때마다 피는 세 치씩 움직이게 된다고 하지요. 호흡의 연속은 곧 혈액순환을 말합니다. 그러므로 호흡이 멈춘다는 것은 맥박이 멈추는 것이며 곧 죽음의 징후를 뜻합니다. 그러나 영체가 온몸으로 기를 받아들이기 때문에 호흡이 멈춘다 해도 세포가 100% 죽지는 않습니다. 세포가 완전히 죽은 다음에야 영혼이 육신으로부터 빠져나갑니다. 저승세계로 안내하는 안내령이 혼이 몸에서 빠져나오는 것을 도와주기도 하고 죽음을 인지하도록 다종다양한 방법을 써서 삶에 집착하지 않도록 깨우쳐 줍니다.

시사(時死), 즉 때에 맞게 죽을 경우입니다. 『지장경』, 『왕생경』에 나오듯이 우리가 이 세상에 태어나는 순간, 죽는 날짜도 저승 명부에 기록되어 있답니다. 물건도 출고될 때 만료일이 있습니다. 그러나 수명에도 어느 정도 증감의 융통성이 있습니다. 전생의 업보나 현재의 삶에서 얼마나 진리에 입각한 행위를 하는가 하는 공덕의 정도에 따라서 수명도 얼마간 늘고 줄어듦이 있답니다. 공장에서 나오는 TV도 출고되면서부터 그 나름의 수명이 있으나 함부로 다루지 않는다면 좀 더 오래 쓸 수 있는 것처럼 이 육신도 마찬가지입니다.

문제는 비시사(非時死)입니다. 갑작스럽게 죽는 경우에는 안내령이 미처 손을 쓸 수 없기에 자기의 죽음을 제대로 인지하지 못한다는 것입니다.

업에 따라 상응하는

영(靈)의 세계

우리의 육신은 영혼의 몸에 입혀진 겉옷 같습니다. 영혼에 맞게 육신이 만들어진 것이기 때문에 영혼의 모습은 우리 몸의 형체와 거의 같아서 눈, 귀 등의 완전한 영체를 가지고 있습니다. 따라서 영혼도 그가 일생을 살아온 양상에 따라서 모양과 빛깔이 다 다릅니다. 흡사 백색광이 7가지 빛깔로 갈라지듯 말입니다. 그래서 저승에 가게 되면 우선 그 영혼의 몸을 보고 그가 이승에서 어떻게 살았는지를 가늠하게 됩니다. 각자가 지은 업식에 따라 맑기도 하고 탁하기도 합니다. 우리는 순간순간 영혼의 빛깔을 맑게 혹은 탁하게 만들어 나가고 있습니다.

영혼의 세계에서도 우리와 똑같은 몸을 가지고 다양한 집단을 이루고 삽니다. 그들 가운데에서도 상급, 중급, 하급이 있습니다. 만약 이승에서 맑고 깨끗하며 고결하게 사는 시인이 있다면 탁월한 영계의 시인들이 항상 그를 옹호합니다. 이 세상에 살고 있는 어떤 존재라도 빠짐없이 영계의 모든 존재와 상응(相應)이 있습니다. 그런데 이 상응의 실체는 그 사람이 지은 업에 따라서 결정되며 죽음이 임박했을 때 그 상응의 존재가 바로 인도령이 됩니다.

건실하고 의미 있게 사는 사람은 허공에서도 그를 가호하는 상응의 힘이 강하여 무슨 일을 하든 거침없이 순조롭습니다. 그러나 그 반대일 경우, 당연히 악령들이 들러붙기 때문에 제대로 되는 일이 없습니다. 시궁창에 파리가 꼬이는 이치와 다를 게 없습니다.

기도하는 생활이
곧 새로운 탄생

이 우주는 부처를 양성하는 학교입니다. 모두가 다 완전하고 원만한 세계를 지향해서 나가게끔 되어 있는 곳입니다. 그러므로 이 삶 가운데에서 우리의 불성을 승화시키도록 노력해야 합니다. 가는 곳곳마다 부처님 법을 생활화하고 전파해서 그에 합당한 영기(靈氣)를 느낄 수 있어야 합니다.

법은 만상을 살리는 기운이라고 했습니다. 우리의 수행력 여하에 따라 호흡하는 영적인 대기의 층이 다릅니다. 몸은 우리의 영적인 등급을 모두 새기고 있는 기억의 창고이고 일생을 산 기록의 보관소입니다. 알라야(Alaya)식이 그것입니다. 알라야는 쌓여 있다는 뜻이지요. 눈 쌓인 산을 히말라야(Hima-Aalya)라 부르는 것과 같은 뜻입니다. Hima는 눈이고 Alaya는 쌓여 있다는 뜻이지요.

사실 따지고 보면 지금 이 순간도 우리는 생·사 가운데 놓여 있습니다. 영원과 현실이 하나인 세계에 살고 있습니다. 현실이 영원입니다. 삶과 죽음은 하나입니다. 우리는 삶과 싸우며 또 동시에 죽음과도 싸웁니다. 그래서 부처님께서는 매 순간마다 최선을 다하라고 하셨습니다.

지금 이 순간을 성실히 살며 열심히 기도하는 생활을 해야겠다고 마음을 먹는다면 그 순간부터 새로운 탄생입니다. 부처님 말씀대로라면 모든 만상과 입자는 1찰나에 900번 탄생한다고 했습니다. 영혼과 영혼과의 만남은 시공을 떠나 있습니다. 영혼의 세계는 그 사람을 생각하면 그 사람이 벌써 앞에 와 있는 것으로 이루어집니다. 제사를 지내거나 천도재를 지낼 때도 마찬가지입니다. 영혼 세계에서는 시간과 공간의 장애가 없기 때문입니다. 마음은 하나입니다.

지금 이 순간부터 정신을 똑바로 차려서 말과 생각과 행동에 있어 영적인 대기를 순화시키고 고양시키는 방향으로 살아가야 합니다. 그러면 여러분의 인생은 판도가 달라집니다. 죄란 본래 허망한 마음에서 생기는 것이므로 백 겁 동안 쌓은 죄도 한 생각 진심으로 참회하면 사라진다 했습니다. 내가 지금 교류하고 있는 영혼의 등급을 항상 염두에 두고 경건하고 숭고하게 살아야 하는 이유가 여기에 있습니다.

그러므로 기도의 필요성 또한 절실하며 계속적인 기도로 영혼의 등불을 밝히시기 바랍니다.

불교는 고정점이 없다

**불교는 끊임없이
길을 닦는 종교**

불교를 가리켜 도(道) 닦는 종교라 부릅니다. 도란 문자 그대로 길을 의미합니다. 길은 왜 필요한가요? 걷기 위해, 앞으로 나아가기 위해서입니다. 길은 항상 목적지를 향해 열려 있고 그 목적지를 향해 길을 갑니다. 그런데 불교의 목적지는 성불입니다. 부처 되기 위해 우리는 길, 불도(佛道) 따라 열심히 가야만 하는 존재들입니다. 그래서 수행자라 부릅니다.

6바라밀행이라든가 8정도 등이 모두 부처님 세계를 향해 나아가는 수행자의 행로입니다. 진정 수행자들은 열심히 나아가야 합니다. 부처님께서 "게으르지 말라, 부지런히 나아가라." 하신 것도 바로 수행자의 자세를 가르치신 것입니다. 불교는 그래서 행동의 종교요, 실천의 종교입니다. 말싸움하는 종교가 아닙니다. 불교는 말 배우는 종교가 아닙니다. 말은 모두가 길을 안내하는 도구입니다.

부처님께서는 나의 가르침은 뗏목과 같다 하셨습니다. 바다를 건너면, 강을 건너면 뗏목은 필요 없습니다. 자신의 소임을 다한 것입니다. 8만4천 대장경을 열심히 배우고 공부하는 것도 따지고 보면 바른 길을 가기 위한 안내의 말씀이기 때문입니다. 불교의 길은 말 속에 있는 것이 아니라 행동 속에, 실천 가운데 있습니다.

불교는
고정점이 없다

불교는 계속 앞으로 나아가는 종교이기에 고정점이 없습니다. 목적지가 있다면 무한입니다. 앞으로 나아가면 나아갈수록 장면은 끊임없이 바뀌는 법입니다. 그래서 불교는 무유정법(無有定法)이라 부르고 아뇩다라삼먁삼보리의 길 역시, 무유정법의 길이라 말합니다. 끝없이 앞으로 나아가는 사람에게 고정점은 있을 수 없고 그래서 아집과 집착을 떠나는 것입니다. 종착점은 무한이기 때문입니다.

불교에서 아집이라든가 집착이라는 낱말을 지극히 경계하는 이유도 바로 여기에 있습니다. 고정점이 있으면 집착이 생기고 집착이 있는 곳에 다툼이 있습니다. 불교에는 고정점이 없기 때문에 싸움이 없습니다. 불교는 결코 자기를 드러내지 않습니다. 사바세계에서 자기를 드러내면 항상 충돌이 많습니다. 사바세계의 모든 물질은 고체와 액체를 바탕으로 형성된 것이기에 항상 충돌이 있을 수밖에 없습니다.

가능한 한 소리를 내지 않는 길, 그 길이 부처님의 길입니다. 나를 버리는 길, 나를 비우는 길이 부처님의 길입니다. 대기만성이라 부르는 이유도 소리 없이 노력하는 자가 항상 오래가고 멀리 갈 수 있기 때문입니다.

부처님께서 항상 "집착하면 법을 잃어 반드시 삿된 길로 빠진다[執之失度 必入邪路]."고 하신 가르침도 마찬가지입니다. 집착은 바로 고정점을 갖게 되고 머무는 마음이 되니 나아갈 수 없게 됩니다. 『금강경』에서 '응무소주(應無所住)'니, 『신심명』에 나오는 이 같은 가르침 역시, 부처님 가르침의 정곡입니다.

집착은 가장 잔인한
행위이다

끊임없이 소리 내지 않고 나를 버리며 6바라밀행, 10바라밀행을 멈추지 않는 가운데 부처의 길은 열려 있습니다. 결코 먼저 어떠한 경우라 하더라도 그 누구의 인정을 받으려 하지 마십시오. 부처님의 인정이면 충분하고 자신 스스로가 인정하면 그것으로 충분합니다. 항상 남의 평가를 기대하는 사람은 부족한 사람이요, 모자라는 사람입니다.

끊임없이 앞으로 나아가는데 '나'란 어디에 있을까요? 나는 없습니다. 그래서 제법무아(諸法無我)요, 제행무상(諸行無常)이라 부릅니다. 부처님 말씀대로 참다운 도의 길은 그래서 버리는 데 있

으며 비우는 데 있습니다. 목적지는 무한이기 때문입니다. 무엇엔
가 집착하는 것만큼 어리석은 일도 없으며 집착이야말로 자신에
게 가장 잔인한 행위라 부르는 것입니다.

지혜로운 사람은
속이 부처님으로 차 있기 때문에
대체로 그 움직임이 신중합니다.
깊숙한 바다 밑 세계의 존재처럼
마음이 들뜨지 않고 평온합니다.

－「지광 스님의 영원한 광명의 길」 중에서

산 자 죽은 자 모두를 사랑해야 한다

우리는 영원의
아들딸이다

부처님 따라 걷는 세월이 흐를수록, 기도 정진하는 날이 쌓일수록 부처님을 향한 마음이 더욱 견고해집니까? 또 신심은 더욱더 자라남을 느낍니까? 머리를 깎고 살면서 부처님 밥만 축내고 있습니다만, 세월이 흐를수록 부처님을 향한 마음만은 더욱더 간절해지는 것은 왜일까요? 더욱더 열심히 기도하게 된다는 사실만은 분명히 말씀드릴 수 있습니다. 신심(信心) 역시 새록새록 자라나고 정성 또한 진지해짐을 느낍니다. 어려움이 많고 괴로움이 많아 그럴까요? 그때마다 항상 지켜주시는 따사로움을 피부로 느끼게 되고 신심은 더욱 굳건해집니다.

이런 생각이 들 때가 있습니다. 살아 계실 때 아버지 어머니는 몸과 마음을 다해 자손들을 사랑하셨습니다. 설령 아버지 어머니께서 이 세상을 등지셨다고 하여 자손들을 나 몰라라 하실까요? 결코 그렇지 않을 것입니다. 부처님께서 마음은 불생불멸이라고 말씀하신 대로 어떤 형태로건 살아 계실 때의 자손들에 대한 애정을 지니고 있을 것입니다. 아니면 섭섭한 마음이라도 말입니다.

부처님께서는 항상 "너희들은 나의 외아들과 같다."고 말씀하셨습니다. 그런데 부처님께서 이 땅을 떠나신 후, 이 세상 모든 중생을 과연 나 몰라라 하실까요? 부처님께서는 항상 "나는 무명에 감싸여 있는 너희들에게 깨달음의 길을 열어 보여주고 그 길로 인도하기 위해 이 땅에 왔다."고 하셨습니다.

실천하는 의지와
표상으로서의 존재

우리가 사는 세상이 부처를 만들기 위한 것이고 그 길 따라 인도하기 위해 이 땅에 오셨다면 불생불멸의 부처님께서 어찌 우리 중생을 나 몰라라 하실까요? 결코 그렇지 않을 것입니다. 우리 스스로가 그 사실을 깨닫지 못할 뿐입니다. 무명중생이라 하였으니까요.

세월이 흘러가면 갈수록 부처님의 실상에 대한 신심이 더욱더 굳건해지는 것은 부처님의 뜨거운 보살핌 때문입니다. 오늘에 이르기까지의 피눈물 나는 역정을 지켜보고 계시기 때문입니다. 그동안 겪은 갖가지 어려움과 간난신고는 도저히 필설로 다할 수 없습니다. 그러나 그때마다 부처님께서 항상 우리 마음 가운데 계시며 우리를 지켜 주셨다는 사실만은 모든 것을 걸고 증명할 수 있습니다. 앞으로도 어떤 어려움이 다가올지 알 수 없지만 부처님의 사업을 위해 몸과 마음을 불사르는 한 부처님은 언제나 지켜 주신다는 확신만은 분명합니다. 일이 확장되면 될수록 더욱더 열심히 기도하고 정진해야만 하는 이유는 바로 여기에 있습니다.

요즘 생각하게 되는 것 가운데 하나는 "수행자는 몸과 마음을 던져 부처님 가르침을 실천하고 그를 증명해 보이는 하나의 표상이 되어야 한다. 의지처가 되고 지도자가 돼야 한다." 하신 부처님 말씀입니다. 진실로 그 같은 점을 실감합니다. 진정한 수행자란 부처님 말씀을 실천하는 의지와 표상으로서의 존재입니다.

사랑해야
사랑을 받는다

'나는 항상 부처님을 기쁘게 해 드리기 위해 이 땅에 존재한다'는 생각이야말로 우리 모두의 삶의 지침이요, 근본이 되어야 합니다. "나는 부처님 당신을 위해 항상 몸과 마음을 다합니다."라는 선언은 부처님의 보살핌을 이끌어 들이고 부처님의 위신력과 광명을 불러들이는 신호탄입니다.

이 같은 생각은 나를 빛나게 하고 부처님의 무한 가피력을 힘입게 하는 촉매제입니다. 상대를 사랑하는 사람만이 상대의 사랑을 받듯 부처님을 사랑하는 사람만이 부처님의 사랑을 받습니다. 상대방은 항상 내가 마음먹기에 달려 있습니다. 내가 상대방을 미워하면 나도 미움을 받는 것이어서 미움도 원망도 모두 날려 보내는 것이 내 마음을 편하게 하고 부처님 마음이 되는 지름길입니다.

부처님은 항상 열반에 계시기에, 열반은 무한 즐거움의 세계, 최상의 안락의 세계이기에, 내가 부처님 마음이 되고 부처님과 하나되는 마음이기만 하면 내 마음에 한없는 즐거움이 넘실댑니다. 우리가 상대방과 하나일 때 즐거운 것처럼, 내가 남에게 베푸는 마음일 때 즐거운 것처럼, 부처님과 하나가 되는 것도 마찬가지입니다. 아니 그보다 훨씬 더 그 즐거움은 크고 큽니다. 부처님께서 '광대무변한 허공은 즐거움의 도가니'라 하신 참뜻을 음미해 보셨나요?

사랑의 마음을 키워 가려면
사랑의 대상이 필요하다

우주는 열반입니다. 즐거움의 도가니입니다. 그렇기에 부처님과 하나임을 선언하고 "항상 부처님을 기쁘게 하기 위해 나는 이 땅에 존재합니다. 삶은 참으로 어렵고 힘겹지만 내가 부처님의 사업을 몸과 마음을 다해 최선을 다하는 한 부처님께서는 나를 지켜 주실 것을 진정 믿습니다." 이렇게 끊임없이 기도를 올리면 부처님께서는 분명 그 기도를 들어 주십니다. 열반의 세계가 열립니다. "현실 속의 열반을 구현하라." 하신 부처님 가르침의 참뜻은 이 세상 모두를 사랑하고 그들의 소망을 이루는 원천이 되라는 의미입니다.

진정 우리가 부처가 되고자 한다면 사랑의 마음을 키워 가야 하고, 사랑의 마음을 키워 가려면 사랑의 대상이 필요합니다. 그렇기에 내 주변의 모든 사람은 따지고 보면 내가 성불하기 위한 도우미들이라는 확신을 가져야만 합니다. 결국 나의 주변 모두는 나의 사랑을 실천하는 대상들입니다. 주위의 모든 사람을 사랑하는 사람은 진정 무한 즐거움 속에 삶을 펼쳐가는 사람입니다. 진실로 부처 되기 위해서는 사랑의 대상이 필요하다는 사실을 깨우치시기 바랍니다.

　　나의 사랑의 대상은 살아 있는 존재들뿐만 아니라 보이지 않는 세계의 무수한 존재들, 영가들 역시 그에 포함되어야 합니다. 진정 부처 되려는 사람은 그래서 의도적으로 남을 사랑해야 합니다. 모든 만상을 사랑하는 사람, 그는 진정 행복한 삶의 화신이고 부처님의 분신이며 무한 즐거움의 삶을 펼쳐 갑니다. "진정 부처와 하나되리라." 선언한 사람은 항상 세상이 즐거울 수밖에 없고 복될 수밖에 없습니다.

'무엇이든지 오거라, 모두 받아 주리라'하는
유연한 마음을 가질 때
번영의 대도를 달릴 수 있습니다.

－「지광 스님의 영원한 광명의 길」중에서

죽은 자들도 공부해야 한다

공부 없이
행복해질 수 있는가?

부처님께서는 열반에 드시는 순간까지 관 밖으로 두 발을 내보이시는 등 계속 법을 가르치셨습니다. 부처님께서는 평생 동안 쉼 없이 법문을 설하셨습니다.

『법화경』에서도 "부처는 이 땅에 법을 펼치기 위한 사명을 지고 왔다."고 말씀하셨습니다. 끊임없이 법을 설하신 참뜻은 우리 모두를 끊임없이 공부시키려 하신 때문입니다. "진정 공부 없이 진보가 있습니까? 행복해질 수 있습니까? 열반에 들 수 있습니까?" '법등명 자등명'의 가르침도 마찬가지입니다. 끝없이 법의 등불을 밝히라는 것입니다. 공부하라는 것입니다. 법을 연마해 지혜가 자랄수록 더 큰 행복에 이를 수 있음을 끊임없이 가르치셨습니다. 교육을 받지 못해 지식이 부족한 사람이 더 순수하고 정직하다고 말하는 사람들이 있습니다. 그러나 무지한 사람의 경우, 자칫 그릇된 판단으로 그릇된 길로 나아갈 수 있는 가능성이 있습니다.

법의 연마는 마음 닦는 일의 중요성을 끊임없이 일깨웁니다. 법의 수행이란 긍정적 생각을 키우고 부정적 생각들을 물리치는 일입니다. 이 같은 과정을 통해 진정한 내면의 변화와 행복이 찾아듭니다. 행복을 찾는 첫 단계는 무엇보다 배움에 있습니다. 부정적 감정이나 행동이 얼마나 해로운가, 긍정적 감정이나 행동이 얼마나 이로운가를 배워야 합니다. 부정적 감정이나 행동이 한 개인에게만 나쁘고 해로운 것이 아니라 사회와 세계의 미래에도 해롭다는 사실을 가르쳐야 합니다.

행복의 길은 공부의 길
노력의 길이다

건강한 몸을 지키려면 비타민, 영양소 등 다양한 것들이 필요합니다. 마찬가지로 산 자나 죽은 자나 행복에 이르려면 부정적인 마음을 물리칠 수 있는 공부가 필요합니다.

무엇보다 행복의 첫 단추는 공부입니다. 두 번째 단계가 긍정적 행동과 감정이 주는 이로운 점을 깨닫는 일입니다. 특별한 일이 일어나기를 바란다면 그런 일을 일으키는 원인과 조건을 찾아 그 같은 상황을 만들어야 합니다. 행복을 원한다면 행복을 가져다 줄 수 있는 원인을 만들어야 합니다. 고통을 원하지 않는다면 고통의 씨를 뿌리지 않도록 배우고 노력해야 합니다. 우리는 진정 끝없는 공부를 통해서만 행복의 길로 나아갈 수 있습니다. 끝없는 공부의 길, 기도의 길만이 우리 모두를 행복의 길로 인도할 수 있습니다.

부처님께서는 항상 끝없는 학습과정을 통해 마음의 부정적 상태를 긍정적 상태로 변화시킬 수 있다고 강조하셨습니다. '고집멸도' 4성제의 경우도 마찬가지입니다. 고통의 원인에 대한 분석을 통해 진정으로 행복해지기 위해서는 끊임없이 도(道)를 닦아야 함을 가르치신 것입니다.

분노와 미움이 들끓는 순간 모두를 던져 깨부수고 싶을 때가 있습니다. 가진 것 모두가 무의미하게 느껴지기도 합니다. 미움, 분노를 마음 깊은 곳에 품고 있다면 참된 행복을 이룰 수 없습니다. 독심이 행복을 파괴하기 때문입니다. 행복은 도를 닦아야 가능하고 노력 여하에 달려 있습니다.

끝없는 수행이
뇌 조직을 바꾼다

왜 종교가 우리에게 즐거움을 줄까요? 항상 긍정적인 상념 속에 살게 하기 때문입니다. 부정적인 생각을 물리치게 하기 때문입니다. 부정적인 생각을 물리치는 가운데 진정한 내면의 변화가 초래되고 그 결과 행복의 문이 열리기 때문입니다.

우리의 두뇌는 새로운 정보가 들어오면 그것에 반응해 새로운 행동양식을 설계합니다. 새로운 신경세포와 신경 전달 장치를 만들어냅니다. 우리의 뇌는 놀라운 적응력을 통해 계속 변천합니다. 새로운 생각과 경험에 따라 스스로의 배선조직을 계속 바꿉니다.

뇌는 신경세포의 배선을 변화시켜 새로운 신경연결망을 구축하는 능력이 있습니다. 지속적인 동일 동작을 반복하게 한 뒤(기도, 명상, 참선) MRI로 두뇌를 계속 촬영한 결과, 두뇌의 특수한 부분이 점차 확대되어 가는 사실을 밝힐 수 있었습니다. 한 가지 동작을 규칙적으로 계속 반복하면 새로운 신경세포가 짜이고 신경연결망이 새롭게 형성되는 것입니다.

인간 뇌의 주목할 만한 특징은 반복된 행동과 생각을 통해 새로운 사고방식을 연습하면 새로운 신경세포망을 구성할 수 있다는 것입니다. 뇌의 구조와 뇌의 움직이는 양식을 바꿀 수 있습니다. 새로운 학습과 행을 통해 마음의 부정적 상태를 긍정적 상태로 변화시킬 수 있습니다. 공부를 통해, 수행을 통해 행복에 이를 수 있음이 입증된 것입니다. 우리의 마음은 끝없는 수행과 공부를 통해 계속 변화해 갈 수 있음이 뇌신경학적으로 증명되고 있습니다.

죽은 자들도
공부하게 하라

왜 우리에게 종교가 의미가 있는가요? 우리는 부처님 말씀을 공부하는 순간, 거대한 세계와 하나임을 느끼게 됩니다. '우리의 본질이 무한이기에 무한한 세계와 하나다'라고 느꼈을 때, 우리는 한없는 행복을 느낍니다. 우리가 기도하는 순간, 무한한 힘의 실재와 하나되기에 무한함을 느낍니다. 끝없는 수행은 몸과 마음을 영원과 하나되는 시스템으로 만들어 무한과 하나되게 합니다. "불행과 고통을 막으려거든 부처님과 하나돼 보라! 기도하라!" 권유하는 이유가 여기에 있습니다. "인과법을 공부하라!" 하는 이유가 여기에 있습니다. 우리가 고통 속에 있을 때 자연발생적으로 영원을 추구하는 이유가 여기에 있습니다.

갖가지 시련과 액난 가운데 종교를 갖게 되는 이유를 아십니까? 고통의 순간 우리 마음 가운데 무한의 자연발생적 시스템이 작동해 부처님, 하나님의 무한한 보살핌이 발동합니다. 진정한 행복이 고통의 극복에서 오는 이유가 이 때문입니다. 크게 버린 자 크게 얻습니다. 그렇기에 고통은 위대한 선물입니다. 고통을 크게 느껴본 자가 즐거움을 크게 느끼는 이유도 여기에 있습니다.

산 자들에게뿐만 아니라 이 세상을 떠난 분들도 가르쳐야 합니다. 그들로 하여금 우리를 통해 공부하도록 해야 합니다. 기도하도록 해야 합니다. 그래서 그들에게도 영원한 평안과 안락이 있게 해야 합니다. 그것이 우리 산 자들의 사명입니다. 유족의 책임입니다. 우리 모두의 책임입니다.

몸과 마음을 다해
성실한 자세로 살아간다면
미래는 걱정할 필요가 없습니다.

－「지광 스님의 영원한 광명의 길」 중에서

5장

하나의 장

나의 선이 상대방의 선을 만든다.
나의 악이 상대방의 악을 만든다.
선을 행하면 상대도 선해진다.
악을 행하면 상대도 악해진다.
나의 자비심이 발휘되면 상대방을 부처로 만든다.
나의 탐욕심을 내뿜으면 상대방을 악마로 만든다.
기도는 왜 하는가? 수행은 왜 하는가?
영원과 하나되면 거룩한 힘과 하나된다.
선심이 된다.
모든 상황은 마음이 만든다.

빛의 세계에서 온 사람들

죽음이
두렵지 않다

진리는 광명입니다. 진리는 법이요, 법은 불(佛)입니다. 부처님은 허공을 몸으로 하는 분이라 하였습니다. 실상에 있어 이 우주는 광명입니다. 이 우주가 광명임을 깨닫지 못한 이유는 우리의 눈이 가려져 있기 때문입니다. 어둠이란 실상이 있는 것이 아니라 다만 광명을 가리운 상태를 이름합니다.

우리가 어둠 속을 걸을 때 우리의 앞길은 고통이요, 가시밭길입니다. 진리(眞理)가 광명이라면 비진리는 어둠입니다. 우리가 법과 진리만을 따라 걸어야 하는 이유가 여기에 있습니다. 어둠을 탈피해야만 하는 이유가 여기에 있습니다.

우리가 진리를 따르고 선(善)과 정의를 따라야 하는 이유는 자명합니다. 진리는 광명이요, 진리는 영원하기에 죽음이 두렵지 않습니다. 죽음조차 축복입니다.

아무리 불확실성의 시대라고는 하지만 단 하나 확실하고도 분명한 사실이 있습니다. 그것은 태어난 이상 죽을 수밖에 없다는 사실입니다. 죽을 수밖에 없는 인간이지만 진리 따라 살고 정의 따라 사는 사람은 죽음을 두려워하지 않습니다. 그는 영원을 확신하기 때문입니다. 법이 불(佛)이기에, 법을 믿기 때문입니다. 부처님을 믿기 때문입니다.

어둠이란
빛을 가린 상태

그러나 대부분의 사람들은 죽음을 두려워합니다. 어둠 속에 있기 때문입니다. 광명 속에 있으면 모든 것이 분명하고도 밝게 보이지만 어둠 속에 있으면 매사가 두렵고 무섭기 마련입니다. 어둠의 자식으로 살다가 스러져간 두려움 속의 영혼들은 이 세상을 등지고도 그 고통과 두려움이 소멸되지 않습니다.

두려움 속의 영혼들을 보살펴야 합니다. 그들의 두려움을 녹여낼 수 있는 마음이 되는 것은 참으로 중요한 일입니다. 두려움에 사로잡힌 영혼은 무슨 짓을 할지 모릅니다. 그들은 그 두려움과 고통을 하소연하기 위해 유족들 주변을 넘나들거나 살아생전 인연 있는 친지들 주변을 서성거리며 그들에게 음으로 양으로 도움을 받기 위해 영향력을 행사합니다. 제 갈 길을 가지 못하는 영혼들의 안타까움! 안타까움뿐입니다.

왜 영혼들의 마음 가운데 그 같은 어둠이 생겼을까요? 왜 어둠이 생길까요? 그 이유는 설명하기 그렇게 어렵지 않습니다. 어둠이란 광명을 가리운 상태입니다. 무명입니다. 무지입니다. 무엇이 광명을 가리운 걸까요? 부처님께서는 '나'라는 이기심과 욕망이 광명을 가린다 하셨습니다. 부처와 중생의 차이, 신과 인간의 차이는 바로 여기에 있습니다.

진리와 함께하지 않은 삶

가리움의 덮개를 걷어내면 해탈이요, 광명입니다. 자비는 광명입니다. 이와 같은 관점에서 본다면 참다운 행복은 결코 먼 곳에 있지 않습니다. 이기심 장벽만 걷어내면 무한 즐거움입니다. 가리움의 덮개만 걷어내면 그는 광명이 됩니다.

오늘날 많고 많은 사람이 불행 속에 헤매고 있는 이유는 바로 여기에 있습니다. 그리고 많고 많은 영혼이 두려움과 괴로움 속에 떨고 있는 이유도 바로 여기에 있습니다. 코로나의 이유도 여기에 있습니다. 진리를 따르는 삶은 광명을 따르는 삶이요, 부처님을 따르는 삶입니다. 부처님을 따르는 길에는 무량한 축복이 따릅니다. 그 반대의 경우에는 징벌이 따릅니다.

부처님과 함께하지 않는 삶! 진리와 함께하지 않는 삶은 모두 죄악입니다. 산 자의 경우나 죽은 자의 경우나 모두 마찬가지입니다. 그래서 고통 중의 영혼이 많고 많은 것입니다.

빛의 세계에서 내려온
사람들

이 땅을 부처님 나라로 만들기 위해 벌이는 싸움을 두려워하는 자는 진리에의 반역자입니다. 부처님과 신에 대한 반역자입니다.

부처님을 섬기고 진리를 섬기는 삶이야말로 참된 삶입니다. 진리가 있는 곳에 영광이 있습니다. 번영이 있습니다. 참다운 구도자는 언제나 독특한 정신적 특징을 지니고 이 땅에 내려섭니다. 그는 진리의 화신으로 옵니다. 빛의 화신으로 옵니다. 그는 빛의 사람입니다.

극락세계를 무량광(無量光) 세계라 합니다. 부처님의 세계를 상적광토(常寂光土)라 합니다. 또 부처님께서는 도솔천에서 오셨다 하셨습니다. 승화된 세계일수록 빛의 세계입니다. 이 세상의 빛이 된 사람들, 축복의 빛이 된 사람들, 축복의 샘이 되고 광명의 샘이 된 사람들은 모두 빛의 세계로부터 땅 위에 내려선 사람들입니다.

우리는 모두 빛의 사람으로 살아야 합니다. 숭고한 사랑의 삶을 살아야 합니다. 다만 빛이기를 생각해야 합니다. 그 길이 부처님의 길입니다. 암흑의 영혼, 어둠의 자식들은 그 길을 모릅니다. 그들은 지금도 흑암 속을 헤맵니다. 그들을 구제하는 것은 우리의 책무입니다.

참다운 성자는 진리 속의 사람입니다. 빛 속의 사람입니다. 성자들의 세계는 얼마나 아름다운 세계일까요? 부처님의 세계는 얼마나 아름다운 세계일까요?

우리가 흔히 소립자의 세계를 얘기할 때 양자(陽子), 중성자(中性子), 전자(電子)를 얘기합니다. 욕망으로 가리워져 있는 인간을 가리켜 전자 생명체라 합니다. 양자는 +전기요, 전자는 −전기입니다. 부처님의 경우를 정녕 빛의 존재라 한다면 해탈 도인들은 양자의 존재라 하겠지요. 전자란 흡사 원자핵의 덮개와 같습니다. 양자의 덮개와 같습니다.

지구의 저 상공에는 전리층이 있습니다. 음전기가 강한 영혼은 이 전리층을 뚫을 수 없습니다. 이 땅을 다시 윤회할 수밖에 없겠지요. 괴로운 삶을 계속해야 할 것입니다. 우리도 마찬가지입니다.

몸과 마음을 다해서
진흙 속의 연꽃을 피워 봐야 합니다.
언젠가 한 줌의 재로 변할 건데
아까울 게 뭐가 있습니까?

−「지광 스님의 영원한 광명의 길」 중에서

찰나지간에 세상이 바뀐다

삶과 죽음의 간격은
찰나지간

"찰나이세(刹那異世)요, 조존석망(朝存夕亡)이라.(찰나간에 다른 세상이 전개되는 것이요. 아침에 있다 저녁에 사라지는 것이 생명이다.)"

사람의 생명은 참으로 허망하기 짝이 없습니다. '억' 하는 외마디 소리를 뒤로하곤 싸늘한 송장으로 변해 갑니다. 펄펄 뛰던 열혈남아도 한 순간에 불귀의 객이 되어 버립니다. 찰나간에 갈라지는 이승과 저승! 참으로 삶과 죽음의 간격은 한 찰나지간입니다.

찰나에 갈라지는 죽음과 삶을 놓고 생각해 보면 참으로 안타까운 점이 한둘이 아닙니다. 방금 전까지 이 세상에서의 물질 경계에 가득한 애착을 품고 있던 사람이 순간 이 세상 사람이 아니라고 생각해 보십시오. 얼마나 마음이 안타까울까요? 한 순간에 저승 사람이 된 그 마음이 자신이 죽었다는 사실을 쉽사리 수용할 수 있을까요? 이승에 대한 애착은 얼마나 애절할까요?

짐작하기에 어렵지 않으리라 생각됩니다. 죽음의 편에서 보면 본래로 모두는 죽는 것이기에 별로 대수로운 일도 아닙니다. 그

러나 삶의 이쪽 편에서 본다면 참으로 허망한 것이 우리의 목숨이
요, 참으로 무상한 것이 우리의 인생입니다.

한 찰나간에 숨이 나갔다 돌아오지 않으면 곧바로 저세상 사람
입니다. 우리네 삶의 정해진 이치라 생각하면 허망하기 짝이 없습
니다.

사자(死者)를
배려하라

그렇기에 이 세상을 등진 영혼들의 마음은 사람에 대한 그리움
과 애착, 그리고 물질에 대한 탐욕 등이 가득할 것입니다. 살아 있
는 사람들의 마음과 전혀 진배가 없습니다.

많은 사람이 사람은 죽으면 그것으로 모든 것이 끝이 나는 줄로
알고 있습니다. 그러나 그것은 참으로 어리석은 생각입니다. 살아
있는 사람들은 체면이라든가 여러 가지 사회적인 상황 등으로 자
신의 증오심이나 원한 등을 쉽게 밖으로 드러내지 않습니다. 그러
나 죽은 영혼들의 경우는 그와 같은 장애물이 걷어진 상태이기에
살아 있는 사람들에 대한 부정적 마음이 적나라하게 표출됩니다.

그와 같은 부정적인 마음을 지닌 영혼들을 그대로 놓아둔 채 무
심히 삶을 엮어 나간다면 어떻게 될까요? 어떠한 일을 도모할 경
우 참으로 지대한 방해요인으로 작용한다는 사실이 경전 곳곳마
다에 등장합니다. 산 자들의 저주가 무서운 것만큼 죽은 자들의

저주 역시 무서운 영향력을 행사하는 법입니다.

삶을 살아감에 있어 주변의 많은 사람에게 친절해야 합니다. 마찬가지로 이 세상을 등진 자들에 대한 배려 또한 대단히 중요한 변수입니다.

죽음이란
다른 차원으로의 이사

사람은 이승을 떠난 뒤에도 완전한 신체를 가지고 있습니다. 저 세상에서도 세상에 있을 때와 마찬가지로 감각, 기억, 사고, 애정 등을 모두 가지고 있습니다. 죽은 후 세상에 버린 것은 물질적 형태일 뿐입니다. 저승으로 넘어간 영혼들도 끊임없이 감각적으로 행동하고, 공부하고, 기도하며, 독서를 하기도 하고, 반성을 하기도 합니다.

미워하는 사람에 대해 심대한 원망의 마음을 가질 수 있습니다. 현실계에 밀착해 있는 사람들은 사후(死後)의 이 같은 상태를 믿지 않습니다. 진실로 그들은 인간의 능력을 7배나 뛰어넘는 엄청나게 발달된 감각을 가지고 있다는 사실을 알아야 합니다.

사람의 영혼은 삶의 말기에 가지고 있던 생각들을 사후 상당 기간 동안 지닌다고 합니다. 삶의 말기에 좋은 생각을 품었던 사람들은 세월이 흐름에 따라 세상에 있을 때 지배적으로 가지고 있던 생각으로 돌아갑니다.

사후의 삶은 세상에 있을 때와 똑같을 수밖에 없습니다. 죽음이란 다만 차원이 다른 세계로의 이사에 지나지 않기 때문입니다.

산 자의 번영을
위해서

우리는 진정 살아 있을 때 좋은 마음을 가지고 살아야 합니다. 나쁜 마음을 지닌 사람들은 지상에서의 삶이 끝난 다음에도 그 악한 마음이 스스로를 괴롭히고 산 자들을 괴롭게 만듭니다. 나 자신의 평안을 위해서만이 아니라 무량한 영혼들의 평안을 위해서도 함께 노력해야 합니다. 영혼의 평안이야말로 진정한 의미의 평안이라 할 수 있습니다. 영혼의 평화야말로 우리의 평화와 직결되고 이 사회의 평안과 번창과도 직결됩니다

근기에 따라 보는 눈이 다르기 때문에
이것만이 옳다고 할 수 없습니다.
진정한 불법이란
만상(萬象)을 포용할 수 있어야 합니다.

－「지광 스님의 영원한 광명의 길」 중에서

수행은 진정한 삶의 이익을 가져온다

성적표 따라
사는 인생

나의 악이 상대방의 악을 만듭니다. 나의 선이 상대방의 선을 만듭니다. 선을 행하면 상대도 선해집니다. 악을 행하면 상대도 악해집니다. 내가 욕심을 내뿜으면 상대를 악하게 만들고 악령으로 만듭니다. 내가 자비심을 발하면 상대방을 부처로 만듭니다. 왜 기도를 하시나요? 부처와 하나되면 거룩한 힘과 하나되고 선심이 됩니다. 주변의 모든 상황은 이렇듯 마음이 만듭니다. 내가 만난 남편, 아내, 아들 딸은 모두 나의 성적표입니다. 모든 현재는 과거의 성적표입니다. 나라의 오늘은 나라의 과거의 성적표요, 사회의 오늘은 사회의 과거의 성적표입니다. 성적표 따라 사는 인생! 지금도 우리는 죽음과 맞닿아 있습니다. 이 순간이 죽음입니다. 이 순간이 영원입니다.

어떻게 살고 있습니까? 자기를 돌아보세요. 그대의 삶이 억겁의 성적표임을 알아야 합니다. 모든 문제의 해답은 자신 안에 있습니다. 해답을 잘 찾으려면 어떻게 해야 하는가? 자신의 마음을

항상 들여다봐야 합니다. 그를 위해서 기도하고 참선, 명상하는
것입니다. 그래서 사경하고 수행하는 것입니다. 오늘의 나는 억겁
의 결정판입니다.

죽음은 우주의 근본을 향해 나아가는 과정! 현재는 모두가 과거
의 보상입니다. 괴로워도 누구에게 학대받고 있는 것이 아닙니다.
모두가 그에 합당한 이유가 있습니다. 나 자신이 뿌린 씨를 거두
고 있는 것입니다. 내가 뿌리지 않았는데 받는 것은 없습니다. 어
떤 환경에 있건 그 모든 것은 나에게 최상의 것입니다.

인생의 이상과
목적을 알라

우리에게 무엇이 일어나든 그 속에 자신이 있습니다. 마음은 물
질세계를 창조하는 창조주! 인간의 마음은 부처님의 일부요, 전
체! 모든 즐거움과 괴로움은 내 안에 있습니다. 당신이 친구나 적
을 대하는 자세는 당신을 만든 부처님에 대해 품고 있는 생각의
반영입니다. 결국 그대의 인생은 그대 마음의 표현이요, 당신의
오늘은 거룩한 존재에 대한 믿음과 신심에 대한 현실화입니다. 진
리를 생활화하는 길, 시공을 초월하는 기도 등을 통해 수행은 완
성되어 갑니다.

인생은 부처님의 나타남입니다. 그대가 부처님에 대해 생각하
고 있는 것의 현실화입니다. 인생은 분명 거룩한 법칙 따라 존재

하는 것! 그 법칙을 이해하고 따르는 것입니다. 인생은 목적이 있는 과정입니다. 그대의 마음이 그대의 인생을 창조합니다. 그대의 마음을 법 따라 살게 하세요. 그대의 마음을 아름답게 하세요. 그대의 마음은 위대한 창조주요, 무한한 형성력을 지닙니다. 그대 마음 가운데의 자비가, 사랑이, 지혜가 그대의 인생을 아름답게 만듭니다. 고통은 무엇인가 잘못돼 있다는 증거입니다. 인생의 이상과 목적을 알고 부지런히 나아가야 합니다. 적극적으로 나아가는 것입니다. 잘 참고 견뎌내야 합니다. 부처님 법에 따른 바른 사람이 되는 것입니다. 밝은 사람이 되는 겁니다. 모든 결과는 부처님께 맡기십시오. 어떠한 어려움도 피하지 말아야 합니다.

모든 이의 선을 향한 길잡이가 되어 보세요. 그들이 깨닫지는 못했다 해도 거룩한 부처의 일부입니다.

스스로의 마음 따라
하늘이 돕는다

진실로 순간을 중요시하세요. 순간이야말로 영원과 통해 있는 접점입니다. 순간을 함부로 살지 말아야 합니다. 순간의 구체화가 현실이기 때문입니다. 열심히 기도하고 정진하고 효도해야 합니다. 부처님 잘 모시듯, 조상을 잘 모시는 것이 너무도 중요합니다. 미륵보살 「권효게」를 보십시오. 부모님을 살아 계신 부처님으로 모시라 했습니다. 조상님께 정성을 다해야 운이 강해진다고 말합니다. 나의 배후에서 선조들의 영혼이 힘을 더해줄 때 내가 앞으로 나아갈 수 있습니다. 나의 불찰로 부모님을 섭섭하게 하고 그 마음이 원한으로 변한다면 불효자식이 부모를 악귀로 만드는 것에 다름 아닙니다.

상대방을 부정적으로 대할 때 상대도 부정적이 됩니다. 부처님께서는 인간의 독심, 악심이 우주의 무량한 국토에 무량한 적들을 만들었다 하셨습니다. 나의 악이 상대방의 악을 만들고 나의 선이 상대방의 선을 만듭니다. 자작자수, 자업자득이 바로 이것입니다. 모든 문제의 해결책은 자신에게 있습니다. 문제가 자신에게 있고 해답도 자신에게 있는 것입니다.

불보살님의 보살핌 역시 마음 씀씀이에 달려 있습니다. 주변 모두가 부처님이라 할 때 그들을 어떻게 대할 것인가가 참으로 중요합니다. 그래서 수행은 스스로에게 대단히 유익합니다. 수행은 무량한 복덕을 불러들이는 문입니다. 번뇌로부터 자유로워집니다. 슬픔과 비탄으로부터 자유로워집니다. 갈애와 불안을 이깁니다. 정신적·육체적 고통을 이기며 성스러운 과보를 얻게 합니다.

그대는 악령인가
선령인가?

이 세상을 사는 많은 영혼은 수행의 이익을 모르고 깨달음의 복락을 모릅니다. 그들은 부처님의 힘을 느낄 수 없습니다. 부처님의 힘은 우주에 충만하지만 깨닫지 못한 영혼들은 그것을 모릅니다. 생각해 보십시오! 우리가 잊고 살지만 우리에게 작용하는 중요한 힘이 있습니다. 우선 부모님의 힘이 보이지 않는 차원에서 우리에게 작용하고 있습니다. 선생님의 힘도 그러하고, 사장님의 힘도 그러하고, 나라의 힘도 그러하고, 부처님의 힘도 또한 그러합니다.

부처님과 하나되어 살아가세요. 부처님과 하나되면 부처님의 힘이 나에게 흐릅니다. 자신 안의 보석을 알아야 합니다. 왜 그대들은 그를 모르십니까? 미혹에 빠져 있기 때문입니다. 그릇된 현실에 빠져 있기 때문입니다. 자신을 던지면 부처님의 힘이 작동합니다. 거룩한 힘이 함께합니다. 부처님은 만유에 함께하십니다. 그대와 부처와 우주는 분리돼 있지 않습니다. 믿음이란 아무런 바람 없이 자신을 던지는 마음입니다. 믿음이나 귀의, 헌신 등은 모두가 살아 있는 것의 본질입니다.

모든 것을 던져버린 후 느끼는 생생한 마음의 평화입니다. 무지는 순수의식의 실체를 모른 채 '가짜 나'와 '법신의 나'를 혼동하는 상태입니다. 우주에 대한 전체성의 결여에 해당합니다. 귀의는 모든 생명체의 본질입니다. 스스로에게 물어보세요. "나는 복을 부르는 존재인가, 재앙을 부르는 존재인가? 나는 악령인가, 선령인가?" 항상 수행하세요. 기도하세요. 그대의 기도에 먼 계곡의 메아리 울리듯 부처님께서도 감응하십니다.

진리를 등졌기에 그들은 모른다

길을 잃은
영혼들

우리 몸 속의 무수한 세포 중에 노는 세포가 있을까요? 우주만상 가운데 움직이지 않는 존재는 없습니다. 바위도 나무도 모두가 분자 단위, 원자 단위에서 끊임없이 움직이고 있습니다. 부처님께서는 우주만상이 모두 한결같이 움직이고 있다 해서 제행(諸行)이라 불렀습니다. 또 끊임없이 변화하고 항상하지 않다 해서 제행무상이요, 제법무아라 했습니다.

제행이 무상이고 움직이는 것이라면 도대체 어디를 향해서 움직일까요? 부처님은 4성제, 8정도를 말씀하시면서 항상 바른 길을 향해 나아가라 하셨습니다. 항상 자신의 삶이 어디를 향하고 있는가 주시하라 하셨습니다. 진리를 향해, 법을 향해 나아가야만 한다고 하셨습니다. 사도, 삿된 길을 걷지 않도록 하라 강조하셨습니다.

욕심에 빠져, 집착에 빠져 정도(正道)에서 일탈하는 중생들의 어리석음을 탓하셨습니다. 정도는 나를 영원의 세계, 부처님 나라로 이끌지만 사도(邪道)는 나를 악마의 세계로 이끕니다. 삿된 길을 따르던 인간들이 삿된 욕망을 따르다 보니 죽음 앞에서 대단히 황망할 수밖에 없습니다.

그들은 영원을 모릅니다. 죽음 저 너머에 대해 공부를 제대로 한 적이 없기 때문입니다. 어쩔 수 없이 그들은 세상에 탐착할 수밖에 없습니다. 제 갈 길을 떠나지 못하고 이 세상에 남겨둔 허망한 애착의 대상들에 강한 집착과 욕망을 드러냅니다. 그 같은 영혼들은 제대로 천도될 수가 없습니다. 스스로도 천도를 모릅니다. 수많은 영혼이 이 같은 집착의 포로가 되어 갖가지 속박령으로 악도를 헤매며 제 갈 길을 가지 못합니다.

색과 황금의 노예가 된
영혼들의 오류

모든 인간의 미래를 알 수 있는 열쇠는 그의 생각입니다. 영원을 가는 삶을 위해서는 진리의 길을 열어 가야 합니다. 보다 나은 세계로 나아가려면 마음 저 깊은 곳에 빛나는 빛을 감지하고 그 빛의 인도에 따라야 합니다. 자신을 새롭게 만드는 깊은 진리의 빛을 따라가야 합니다. 진리를 향해 나아가는 마음만이 자신을 강력하게 만듭니다.

우리는 자신이 가지고 있는 것만큼만 줄 수 있습니다. 그대는 무엇을 가지고 계신가요? 진리의 마음인가요? 삿된 마음인가요?

닦여진 것이 아니면 줄 것이 없습니다. 가시나무는 가시밖에 만들어 내지 못하고 대추나무는 대추만을 열게 합니다. 땅이 아무리 비옥해도 경작하지 않으면 좋은 열매를 얻을 수 없는 것처럼 가꾸지 않는 마음은 좋은 열매를 얻을 수 없습니다.

우리는 항상 진리의 빛에 의해 일깨워져야 합니다. 내면세계가 진리의 빛에 의해 일깨워지지 못하고 진리의 힘과 영감의 도움으로 더 높은 차원을 향해 인도되지 못합니까? 그 같은 삶에는 기대할 것이 없습니다. 내면의 진리는 항상 특별한 용기와 수행을 통해 드러나는 법입니다.

수행의 주된 목적은 내면의 본성을 분명히 아는 것입니다. 그러나 대부분의 무지한 사람들은 내면의 본성은 아랑곳없이 색과 황금의 포로가 되어 있습니다. 물질과 색욕, 황금의 노예가 된 사람들에게 그들의 오류를 깨닫게 해야 합니다. 그들 인생의 허망함과 어리석음을 깨닫도록 해야 합니다. 황금과 색의 노예가 된 사람들은 이 땅을 등진 다음 갈 곳이 없습니다. 자신이 아끼던 황금과 색욕을 따라갈 수밖에 없습니다. 그들에게 정토란 없습니다.

매일 매일 진리의 빛에
자신의 잘못을 드러내라

대부분의 사람들은 목전의 이익에만 급급합니다. 그러나 현명한 사람은 영원을 얻기 위해 몸과 마음을 다합니다. 떨어지는 빗

방울 하나하나가 모여 항아리를 가득 채우듯, 현명한 사람은 매일 매일 조금씩 실천하여 완전한 진리의 경지에 들어섭니다. 점점 더 진리의 세계에 가까워지면 타인의 잘못에 대해 부드러워지고 조용해집니다.

타인의 결점에 대해 불평하는 이유는 스스로가 불완전하기 때문입니다. 사람들은 대체로 이기적으로 살기 때문에 자기중심적이 되어 사악함을 떠나지 못합니다. 항상 진리를 가까이하고 진리를 행동으로 옮기는 사람은 우주의 대영혼, 부처님과 친밀한 일치를 이룰 길을 찾습니다.

부처님은 이 땅에 나를 내보낼 때 항상 진리만을 따르고 진리만을 행동하도록 만드셨습니다. 마음에 진리를 품은 사람은 마음에서 우러나오는 말만 하고 마음에서 우러나오는 행동만을 합니다. 인간은 진리를 회복하는 정도에 따라 행복의 정도가 결정됩니다. 그러나 참으로 안타깝게도 대부분의 사람들은 보이는 것만을 절대시합니다. 내면의 기능을 회복할 때 우리는 부처님께서 하시는 모든 일과 조화를 이룹니다.

항상 우리는 진정한 나의 본성으로 되돌아가겠노라 결심해야 합니다. 우리가 원하기만 하면 진리는 언제나 작동합니다. 그를 위해 우리는 매일 밤 반성을 해야 합니다. 오늘 나는 어떠한 유혹을 물리쳤는가, 어떠한 약점을 극복했는가, 약점을 매일 진리의 빛에 드러나게 하면 점점 약점의 힘은 현격히 줄어들게 됩니다.

이승과 저승은 하나

축복인가?

쓴 약인가?

    우리는 언젠가 이 세상을 떠나게 됩니다. 그런데 어디로 가는지에 대해서는 거의 문외한입니다. 천당, 지옥이란 말을 수도 없이 들었습니다. 그렇지만 그에 크게 개의치 않은 채 무관심 속에 힘겨운 삶을 살아 가고 있습니다.

    인류는 서로 죽이고 파괴합니다. 폭탄, 폭격기, 미사일을 만드는 데 어마어마한 돈을 소비하면서도 인간의 본성과 죽음을 가르치는 일, 그리고 그들이 죽을 때 어떤 일이 일어나는지에 대해서는 한 푼도 쓰지 않습니다. 참으로 서글픈 일이 아닐 수 없습니다. 인류의 고통은 인류 스스로의 업으로 말미암은 것! 인류가 삶을 스스로 정화하지 않는다면 금생이든 내생이든 그 과보는 인류 스스로가 책임져야만 합니다.

    죽음은 '쓴 약'이라고도 하고 '축복'이라고도 하는데 어떻게 생각하시나요? 쓴 약이 몸에 좋다 하니까 무량한 죽음 역시 어떤 의미가 있는 것은 분명합니다. 죽음을 통해 우리는 우리의 업을 크게 정화하는 측면이 있습니다. 이 세상을 살면서 "버리라! 비우라!" 하지만 실제 그 같은 얘기가 얼마나 공허하고 어려운 얘기인가요? 그러나 죽음은 모든 것을 강제로 버리게 만듭니다. 비우게 만들지요. 어떤 그릇도 텅 비어야만 쓸모가 있습니다. 땅도 텅 빈 공간이 있을 때 쓸모가 있습니다. 사람도 죽음을 통해 텅 빈 공간이 생기기에 나름 의미가 있습니다. 잘만 하면 해탈의 기회가 열립니다. 인류의 해탈은 어떻게 가능할까요?

의식의 연속성을 통해
우주를 자유로이 넘나든다

마음도 비워져야 평안합니다. 항아리도 빈 공간이 있을 때 쓸모가 있고 배도 비어 있을 때 몸이 가볍습니다. 사람들도 무언가 베풀고 줄 수 있을 때 가치가 있습니다. 죽음은 모두를 비우게 만들고 비움 정도의 평가를 통해 새로운 상황으로 유도됩니다. 일생을 통해 수행을, 비움을 도모한 사람들, 그들은 마음이 비어 있어 죽음의 관문을 넘을 때 역시 보통의 평범한 사람들과 다릅니다.

보통 사람들은 죽음의 순간, 육체로부터 의식이 분리되면서 기절(氣絶)이 되고 무의식의 상태로 빠져듭니다. 그러나 수행이 된 사람들은 그 같은 상황을 극복합니다. 죽음에 대한 공부를 끊임없이 하는 이유 역시 죽음의 무의식 상황에서의 기절 극복을 위해서입니다. 수행자들에게 있어서 육신은 입거나 벗는 의복과 같습니다. 자신의 본원각성, 본성광명의 투명한 빛이 선물하는 법열(法悅)에 젖어 명료한 의식상태에서 육신을 벗습니다.

열심히 갈고 닦아온 보살들은 이 같은 순간을 선택해 의식적으로 새로운 길로 들어섭니다. 등각자로서 의식하면서 모태에 들고 머물고 출생합니다.

불법의 목표는 무엇일까요? 부처님과 하나된 마음으로 윤회계의 모든 상태를 자유로이 드나들 수 있는 막강한 능력의 배양입니다. 우리가 끊임없이 불법을 연마하고 수행하고 기도와 천도재를 봉행하는 이유 역시 그와 같은 목적의 달성을 위해서입니다.

수행을 통해 이승과 저승이
하나임을 깨닫는다

현실의 환상을 극복한 사람들은 삶과 죽음의 지배자이고 중생들의 빛이며 인도자이고 해방자입니다. 인간은 모태에 들어가 머물다 태어나는 세 과정이 모두 무의식 상태에서 이루어집니다. 탁월한 성인들은 모태에 들 때만 깨어 있고, 보살이나 깨닫기 전의 부처는 들어가 머무는 두 과정에서만 의식이 깨어 있답니다. 그러나 부처님은 언제나 자유롭습니다. 세 과정 모두에서 깨어 있습니다. 굴레에 묶이지 않는 사자가 산과 들 사이로 자유로이 마음대로 거닐 듯이 부처님 역시 모든 법계를 마음대로 드나듭니다.

지복의 상태로 체험하는 참다운 마음의 광명은 윤회계의 모든 과정을 완전히 벗어나게 합니다. 과거세의 부처님이 그러했듯이 윤회계의 중생들을 해탈로 인도하기 위해 언제든 중생계에 들어섭니다. 우리는 부처님의 가르침대로 끊임없는 생사에 대한 수행을 통해 죽음을 두려워하는 마음이 없어야 합니다. 죽음의 순간 의식의 연속성이 끊어지는 일 없이 사후세계로 이행해 갈 수 있도록 연마에 연마를 거듭해야 합니다.

수행 없이 죽는 사람의 무의식 상태가 아닌 수행 가운데 체험하는(생전에 익숙해 있었고, 죽을 때 역시 찾아드는) 참다운 상태를 통해 깨달음의 세계에 도달하는 것이 목표입니다. 그는 그 상태에서 인간계의 육체적 존재와 비육체적 존재 양쪽이 근본적으로 똑같다는 것을 깨닫습니다. 덧없고 환영 같은 이승이지만 이승, 저승 양쪽 세계로부터 자유로운 참다운 마음 상태는 덧없거나 환영적이지 않습니다. 영원한 실재이고 만들어지지 않은 열반이요, 성불임을 압니다.

삶과 죽음은 한 순간도
단절되지 않은 전체다

우리의 현실을 무지와 무명으로 인한 삶과 죽음의 세계라 부릅니다. 그러나 현실도 사실은 시작도 끝도 없는 영원한 흐름의 일부입니다. 실상은 쉴새 없이 움직이는 영원의 전체이지요. 생유(生有, 태어남)→본유(本有, 일생)→사유(死有, 죽음)→중유(中有, 다시 태어나기까지의 기간)의 사유론(四有論)에서와 같이 끊임없이 순환하며 계속됩니다. 법신, 보신, 화신의 삼신불(三身佛) 사상 역시 나누어진 것이 아니고 온전한 하나로 현존합니다.

우리가 생각(의미)과 에너지와 물질을 세 가지로 나눕니다. 의미가 실재의 핵심이고 의미 따라 에너지의 운동이 펼쳐지고 물질이 생겨납니다. 마음의 세계가 곧바로 우주이며 텅 빈 공간 가운데 거대한 에너지의 움직임을 유도해 물질의 세계가 생겨납니다.

우리가 우주를 이해하고 해석하는 그 행위를 통해 우주를 끊임없이 창조해 나아가고 있는 것입니다. 깨달은 존재는 이 같은 사실을 손바닥 안에 있는 것처럼 압니다. 윤회도 열반도 모두 그대의 마음이며 무명을 순화하면 광명이요, 열반입니다.

삶과 죽음은 한 순간도 단절되지 않은 전체입니다. 삶과 죽음은 쉴새없이 흐르는 움직임입니다. 그 같은 움직임 가운데 의식의 갖가지 다양한 층, 차이를 통해 전개과정을 계속 반복해 나갑니다. 수많은 죽음의 순간에 헤아릴 수 없이 많은 해탈의 기회가 제공됩니다. 우리가 어떠한 삶을 사느냐에 따라 해탈의 기회와 미혹의 지속이 정해집니다.

6장 무덤의 장

마음이 불생불멸이요, 에너지도 불생불멸이다.
몸을 만들었던 마음과 에너지는 사라지지 않는다.
물 한 방울도 수증기로, 비로, 얼음으로 돈다.
사라지지 않는다.
하물며 인생이랴?
세상의 어느 것인들 사라짐이 없다.
이런 모습, 저런 모습으로 몸을 바꿔가며
우주의 무량한 별 따라 영원히 여행한다.

항상 무덤을 생각하며

베푸는 마음이
불교의 첫 장

불교의 근본사상은 하나되는 데 있습니다. 불교공부는 그래서 남에게 주는 공부에서부터 시작됩니다. 서비스가 인간학의 첫 과인 이유는 여기에 있습니다. 서비스 정신, 즉 남에게 베풀고 펼치는 것이 성공의 비결이요, 서비스 정신의 결여가 실패의 요체입니다. 부처님께서 가르치신 자비의 참뜻 역시 베풀며 펼치며 살자는 가르침에 다름 아닙니다. 정신적으로 보살피고 물질적으로 베푸는 마음이 불교의 제1과입니다. 6바라밀도 보시바라밀부터 시작합니다. 내가 상대를 어떻게 대하는가를 살펴보세요.

베풀며 펼침의 대상으로 만나라는 것이 부처님 가르침의 첫 장입니다. 상대를 대하는 것이 나의 수행의 척도가 됩니다. "부처를 먼 데서 찾지 말라. 네 앞에 있는 사람이 바로 부처다."라고 하신 가르침이 어디 다른 뜻이 있나요?

세상 사람들을 부처로 본다면 항상 베풀며 펼치는 마음, 버리고 비우는 마음이 될 것입니다. 상대방을 부처로 본다면 어디 법당이 따로 필요하겠습니까? 이 세상 그대로가 극락이 됩니다. 남편을 부처로 본다면 남편의 꾸지람이 부처의 가르침이 될 것이요, 아내의 걱정은 부처의 보살핌이 될 것입니다. 모두가 부처님께 올리는 공양이 됩니다. 버리고 비우는 마음이 바로 불심이요, 버리고 비운 만큼 상대방을 더 잘 알 수 있습니다. 의사가 환자를 사랑하는 만큼 환자의 병이 잘 보입니다. 남편이 아내를 사랑하는 만큼 잘 보이고 잘 들릴 것입니다.

끌어들이는 일등과
버리고 베푸는 일등의 차이

언제 어디서나 버리고 비우면 통하게 되는 이유가 여기에 있습니다. 비운 마음이 부처님의 마음이 되고, 공(空)의 마음이기에 하나로 통하게 됩니다. 버리고 비우라는 이유는 잘 통하기 위해서이고 잘 통하면 하나가 되고, 부처가 되기 때문입니다. 소통, 신통, 천이통, 천안통 등이 모두 버리고 비우는 데서 열리는 세계임을 왜 모르시나요?

그런데 버리고 비우는 마음이 모두를 통하게 하고 즐겁게 하는데도 중생들의 삶은 거꾸로 가기에 갖가지 고통 속을 헤맵니다. 실제 중생들은 베풀고 버리기보다 끌어들이는 데 일등입니다. 누구나 끌어들이는 데 일등이 되려고 혈안입니다. 그런데 불법을 깨달은 자들은 한결같이 버려라, 비워라 합니다. 참으로 기막힌 아이러니가 아닌가요?

모두가 끌어들이려는데 버리라니 도무지 가당키나 한 일인가요? 깨달은 자는 세상을 이긴 자이니 세상에서 더 이상 구할 게 없습니다. 그들은 세상의 일등도 포기했고 부모와 처자와 재산 모두를 버렸습니다. 모두가 높아지려는데 그들은 낮아지라, 낮아지라 외칩니다. 한쪽은 끌어들이는 데 일등이고 한쪽은 버리는 데 일등입니다. 일등이 되려 한다는 점에서는 같으나 전혀 각도가 다릅니다.

왜 이 같은 괴리가 벌어질까요? 다른 이유에서가 아닙니다. 누구나 마음 가운데 천상천하유아독존의 존재를 모시고 있으나 이를 깨달았는가, 그렇지 못한가의 차이일 뿐입니다. 진리를 깨달은 사람은 버리는 일에 일등이 되려 하지만 어리석은 자는 끌어들이는 데 일등이 되려 합니다.

죽음을 생각하며
무덤을 생각하며

생각해 보세요! 언제 어디서건 버리는 사람, 비우는 사람이 탁월한 지도자가 됩니다. 버리고 비우면 강해지고 나의 이익을 적게 하면 성공합니다. 버리고 비워지면 무한과 하나되고, 부처님의 가피가 함께합니다. 버리지 못해 비우지 못해 스트레스가 크고 병이 생기고 노화가 빨리 옵니다. 버리고 비우는 삶, 욕망을 이기는 삶이 부처의 길이요, 욕망을 따르면 삶은 폐허가 됩니다.

욕망을 따르는 자에게는 이 세상이 끌어들이기 위한 경쟁과 투쟁의 싸움터입니다. 부처님을 따르는 자에게는 이 세상은 자신의 참뜻을 실현할 수 있는 도장입니다. 그들은 그들의 사명과 임무가 끝나면 홀가분한 마음으로 이 세상을 떠납니다. 욕망과 탐착의 삶은 부처를 저버리는 삶이요, 버리고 비우는 삶은 무한과 하나되는 삶입니다. 버리고 비운 사람은 죽음을 흔쾌히 맞아들일 수 있지만 탐욕의 사람은 갖가지 애착이 죽음 이후에까지 그를 괴롭힙니다. 떠나지 못해 괴로워하는 영혼의 고통을 아십니까?

죽음이 두려운 게 아니고 애착이 더 두렵다 하는 이유가 여기에 있습니다. 죽음 다음의 고통을 생각하며 항상 무덤을 응시하며 살아가세요. 무덤을 응시하면 어떤 마음이 들던가요? 무덤을 생각하면 좀 순수해지지 않던가요? 무덤을 생각하면 모두가 부질없는 것이라는 느낌이 들고 좀 대범해지지 않던가요? 탁월한 인물들이 항상 죽음을 생각하며 살라, 무덤을 생각하며 살라 한 이유를 반추해 보십시오. 부처님도 항상 죽음을 생각하라 하셨습니다.

공(空)을 깨달으라
무량 가피와 하나되리라

무덤이라는 두 글자는 모든 것을 삼키는 특별한 힘을 지녔습니다. 무덤은 언제나 나를 비우게 하는 동시에 욕망과 탐착을 절제

하는 마음을 가르칩니다. 후회 없는 죽음을 생각하게 합니다. 크게 죽을 마음을 낼 때 거칠 것이 없어집니다. 무서운 힘이 뿜어져 나옵니다.

무덤을 생각할 때마다 시간이 소중하게 느껴지지 않던가요? 한 순간에 불귀의 객이 되는 중생들은 무엇을 그다지도 끌어들이려 하는지! 깨달은 분들이 모두를 버리며 사는 이유를 생각해 보세요. 버림 가운데 영원과 하나되기 때문입니다. 어리석은 중생들은 끌어들이다, 끌어들이다 지쳐 풀잎의 이슬처럼 사라집니다. 그들의 어리석음을 깨달음의 길로 인도하기 위해 부처님은 이 땅에 오셨습니다. 법을 설해 어리석음을 깨뜨리고 깨달음의 광명을 선물하러 오셨습니다.

법이야말로 어둠 속 무명 중생들에게 가장 탁월한 선물이라 하신 의미를 반추해 보세요. 법을 통해 고(苦)를 제하고 번뇌를 녹입니다. 설한 바와 같이 수행토록 하여 법을 따르는 자들을 안심시킵니다. 허공이 부처님 몸임을 깨닫게 하고 공(空)이 만상의 어버이임을 체험케 하십니다. 제법공상(諸法空相)이라, 모두가 부처님의 몸인 공으로 지어져 있고 공을 이용하고 있으며 만상이 결국 공으로 돌아갑니다. 그 같은 진리를 분명히 깨닫게 하려는 데 부처님 가르침의 큰 뜻이 있습니다. 결국은 모두가 무덤으로, 공으로 나아가고 한 줌의 재가 된다는 사실을 분명히 깨달은 이는 부처님 무량 가피와 하나가 될 것입니다.

공성(空性)의 실천이 바라밀행

죽음을
어떻게 극복할 것인가

생사해탈의 경계를 어떻게 이해하고 계신지요. 이는 죽음을 극복한다는 의미와 통하는 말이라 할 수 있습니다. 모든 사람은 죽음을 두려워하고 겁을 냅니다. 죽음을 두려워하지 않는 사람이 있을까요? 그는 정녕 성자의 반열에 오른 사람입니다.

이 세상에 죽음을 극복한 사람은 얼마나 될까요? 또 죽음을 극복했다는 의미는 무엇일까요? 부처님은 생사의 근본 고(苦)를 해결하기 위해 출가하셨고, 모진 수행 끝에 해답을 얻어 우리에게 전해주셨습니다. 불교는 결국 생사문제를 해결하는 길이라 할 수 있습니다.

부처님의 가르침을 통해 참된 행복의 길이 열렸고 죽음에 대한 해답이 분명히 제시되었습니다. 죽음과 삶이 별개가 아니라고 하시면서 살아 있는 인간은 죽음의 위기를 자각함으로써 세 가지 질서를 알게 된다 하셨습니다. 제행무상이요, 제법무아인 도리를 통해 열반적정의 경계를 깨닫게 된다는 것입니다. 인간은 이들 도리를 깨닫지 못하므로 죽음과 삶 사이의 모순을 고뇌하게 되고 비탄에 젖어 고통을 받습니다. 인간이 죽음을 면할 수 없다는 숙명적 위기감을 지니고 항상 죽음을 염두에 두고 삶을 충실히 살아간다면 이미 죽음은 극복된 것이라 가르치셨습니다. 죽음의 극복이란 죽음에 대한 번민, 슬픔, 괴로움 등이 사라진 경계라 하셨습니다. 죽어가는 것은 누구나 싫어합니다. 그러나 늙고 병들고 죽어가기에 생명의 소중함을 알게 되고 죽음을 극복하는 길을 생각하게 된다는 것입니다.

영원의 지혜를 통해
죽음을 극복하라

결국 죽음의 문제는 어떻게 사느냐의 문제와 통합니다. 죽음이 어떤 것인가를 진실로 바르게 아는 사람은 보다 의미 있는 삶을 살 수 있습니다. 삶이 어떠해야 하는가, 삶이 어떤 것인가를 진실로 바르게 알고 있는 사람은 죽음의 문제를 해결한 사람입니다. 삶이 죽음과 통해 있고 또 죽음이 삶과 연결되어 있기에 죽음과 삶은 전혀 별개가 아닙니다.

무한의 존재인 우리의 불성이 영원을 향해 나아가기 위해서는 필연적으로 유한을 거듭해야만 합니다. 그 결과 죽음은 필연적일 수밖에 없습니다. 끝없는 죽음의 반복을 통해 영원으로 나아가는 행로가 인생입니다. 죽음은 무한 가운데 무상을 보여주고 있는 것에 불과합니다. 죽음은 죽음만이 아니며 삶은 삶만이 아닙니다. 죽음도 뛰어넘고 삶도 뛰어넘는 영원의 행로인 인생, 그 같은 영원의 지혜를 통해 죽음을 극복할 수 있습니다.

영원의 지혜는 이 세상에서 애욕을 여의게 하고 생존에 대한 집착을 끊게 하며 마음의 고요를 즐기게 만듭니다. 결국 불사불멸(不死不滅)의 니르바나의 경지로 나아가게 합니다. 끝내 생과 노쇠를 넘어 다시 태어나지 않는 존재가 됩니다. 생과 윤회를 넘어선 사람, 집착이 없는 적정에 이른 사람이야말로 죽음을 극복한 사람입니다. 집착이란 망령된 마음의 인력이며 우리의 깊은 이기심 가운데 항상 움직이고 있는 근본 번뇌의 충동입니다. 이들 망령된 동력이 사라지면 집착의 번뇌가 끊어집니다. 이를 열반이라 부릅니다. 생사가 극복된 경계입니다.

죽음은 위대한
가피이기도 하다

생사의 해탈, 생사의 극복이란 생사에의 집착을 떠나는 것입니다. 고통을 억제하여 이기며 생사에 따라 나타나는 현상의 지배를 떠나는 것입니다. 인간의 생존에 따른 육체적 갈등, 정신적 고통에 끌리지 않는 경계를 생사의 극복이라 할 수 있습니다. 생사의 극복, 초월은 마음의 전환으로 가능합니다. 그 같은 전환을 가능케 하는 마음이 보리심입니다.

그러나 죽음의 극복이 중요하다 해서 죽음이 부정적인 것만은 아닙니다. 죽음이 있기에 삶이 더욱더 의미심장합니다. 죽음은 삶에 위대한 교훈을 부여하는 스승이며 가피이기도 합니다. 죽음이 있기에 생의 의미 역시 더욱 절실합니다. 죽음은 우리의 삶을 더욱 의미 있게 하는 촉매제와 같아서 더욱 감사하고 고마운 것입니다. 이 깨끗하지 못한 몸으로 나고 죽으면서 부처님의 더없는 보배의 몸으로 변해 가기에 죽음은 부처님의 가피입니다.

생사해탈의 문을 여는 보리심이란 열쇠를 굳게 지니세요. 보리심은 부처님의 위대한 가피의 다른 말이 아닙니다. 생사의 무상한 삶 가운데 보리심을 지니고 부처로 향하는 행로를 나아갈 때 이를 중도의 실천이라 이름 합니다. 생사 속에서 보리심을 통해 그 가치가 전환된 세계를 열반이라 부릅니다. 생사나 열반이나 예토나 정토는 근본 마음으로 보면 다를 바가 없습니다. 다만 보리심 한 생각 사이라 할 수 있습니다. 생사의 흐름을 따라 공성(空性)을 닦아 나가는 가운데 얻어지는 경계가 열반입니다. 생사 속에 생사 없는 참마음을 보게 되면 그를 열반이라 할 수 있습니다.

공성(空性)의
실천을 통해

공성(空性)의 자각 없이는 인연에 얽매이게 되고 다시 고(苦)를 받습니다. 공(空) 그대로의 마음, 공(空) 그대로의 삶을 익힐 때, 인연을 최대한 살리면서 집착하지 않는 삶이 전개됩니다. 이를 참 수행자의 길이라 부릅니다. 허망한 사물의 진실을 분명히 깨달아 세간에 대한 탐착이 녹아지면 번뇌가 사라지고 즐거움의 세계가 열립니다. 삼매의 마음이 공성의 세계이며 바라밀행은 공성의 실천입니다. 삼매가 그대로 실천되면 퇴전치 않게 됩니다. 결국 삼매심, 적정심은 괴로움이나 즐거움을 모두 떠난 열반의 세계입니다. 공 그대로의 삶을 익히기 위해서는 바라밀행을 닦아야 합니다. 모든 바라밀행은 공의 실천입니다. 집착을 떠나 주어진 인연을 살리는 삶입니다. 바라밀행은 절대가치를 창조하는 삶이기에 불생불멸인 공적(空的) 삶이라 할 수 있습니다. 바라밀은 대상에 이끌리는 마음을 억제하고 잘 다스리며 보리심을 증진시킵니다.

공을 닦으면 그것이 보살행이며 중도의 실천입니다. 불생불멸의 세계인 부처님 나라로 가는 길입니다. 삼세제불은 모두 영원한 정진 자체의 존재이며 생사의 극복은 결국 영원과 하나되는 끝없는 정진을 통해 가능합니다. 자기 부처가 일체 부처이며 견성오도(見性悟道)를 통해 거룩하게 살게 됩니다. 거룩하게 죽을 수 있습니다. 죽음과 삶은 영원히 하나입니다. 이 순간이 영원이 되면 순간도 깨달음이요, 열반입니다. 생멸(生滅)은 하나이며 영원입니다. 별개의 것 같지만 하나입니다. 죽음의 극복이란 삶의 극복입니다. 어떻게 사느냐가 어떻게 죽느냐와 만나는 세계입니다. 생사와 열반이 하나인 세계입니다.

진리가 없는 곳에 개선도, 부처님도 없다

우리의 훈련과 공부는
영원이다

영원의 아들딸 역시 영원입니다. 육신은 영원의 겉옷입니다. 겉옷을 벗고 이 땅을 등진다 해도 우리는 영원입니다. 우리 모두가 영원이기에 죽음은 코트를 벗는 과정일 뿐이며 우리가 만나는 사후세계 역시 영원의 연장입니다. 우리의 본질은 영원이기에 생전이나 사후나 변함이 없습니다. 세상에 있을 때 익힌 습성 그대로 남아 있습니다. 마음 가운데 감추었던 것이 드러나지 않는 것이 없습니다.

사후의 영혼은 생전 그가 속해 있던 영적 사회로 갑니다. 사람들은 스스로는 인식하지 못하지만 살아생전에도 자신의 영혼의 등급에 맞는 영혼들과 어울려 지냅니다. 눈을 뜨고 있을 때나 잠을 자고 있을 때라도 항상 그들과 함께 살고 있다는 사실을 모릅니다. 영적인 사회는 시간과 공간이 떨어진 사회이기에 언제 어디서든 연결이 가능합니다. 항상 스스로의 영적인 등급이 어떤가를 생각해야 합니다. 악인은 악도와 연결돼 있고 선인은 선도와 연결돼 있습니다.

살아생전 우리가 사는 세상이 영혼을 탁마하는 훈련소 같은 곳이라 말씀드렸습니다. 이 땅을 등진 다음 세계 역시 우리의 영혼은 끊임없이 훈련과 교육을 통해야 합니다. 성불하는 그날까지 우리의 수행과 공부는 끝이 없습니다.

그 누구도
영원이요, 성불이다

성불을 하더라도 우리는 영원 그 자체이기에 영원한 정진자가 됩니다. 물론 정진한다는 생각도 없이 정진하는 자를 말합니다. 누구나 영원의 아들딸이요, 영원 자체이기에 진리와 선, 지혜와 자비의 화신이 됩니다. 정진 그 자체가 됩니다. 우리가 영원을 가는 공부와 수행을 멈추지 못하는 이유는 영원을 가는 가운데 쓰임새[用處]가 있기 때문입니다. 그 어느 곳에서건, 그 언제이건 쓰임새 있는 존재가 되려면 지혜와 자비, 사랑, 진리와 선 가운데 있어야 합니다.

그렇지 않고서는 올바른 쓰임새가 가능할 수 없습니다. 모든 공부는 실천을 위한 것이고 쓰이기 위한 것입니다. 만유는 모두 쓰임새가 있습니다. 쓰임새와 사명이 있습니다. 우주의 진리가 참다운 쓰임이 될 때 참으로 의미 있는 삶이 됩니다. 진리가 지식과 기억 속에만 존재하는 사람들이 있습니다. 저들은 교만한 신념으로 남보다 지식이나 학식이 우월하다고 자만하고 어리석음을 저지릅니다.

지식으로는 결코 올바른 쓰임이 될 수 없습니다. 지식이 수행과 실천을 통해 얻어지는 지혜 가운데 영원을 얻습니다. 실천을 통해서만 진리는 의미를 갖기 때문입니다. 사람들은 저마다 자신의 지식이 우월하다고 강조합니다. 특히 고등종교에서도 자신들의 종교만이 인류를 구원할 수 있다고 주장합니다. 그러나 하나님이든 부처님이든 그들은 한결같이 영원이기에 영원의 아들딸인 모든 인류를 종교를 가려서 구원한다는 것은 참으로 어불성설입니다. 이해가 가지 않는 대목입니다.

진리만이 우리를
개선할 수 있다

우주에 구원받을 수 없는 자는 없습니다. 설령 지옥에 떨어졌다 해도, 악도에 떨어졌다 해도 그는 그의 업을 탕감하는 고행자의 모습으로 영원의 길을 걷고 있는 것입니다. 바이러스가 되든, 박테리아가 되든, 땅강아지가 되든, 개미가 되고 벌이 되든 지옥, 아귀, 축생의 단계를 밟아 가며 거듭되는 죽음을 통해 계속 나아갑니다. 그 누구도 영원을 향한 발걸음을 멈추지 않습니다. 그의 업에 따라 두레박 줄처럼 오르고 내림을 거듭하며 영원을 갑니다.

왜 우리는 부처님의 진리를 공부하지 않으면 안 될까요? 진리가 없으면 우리의 그릇됨을 개선하고 바르게 교정할 수 있는 잣대가 없기 때문입니다. 진리를 모르는 자, 무시하는 자는 그릇된 길로 나아갈 수밖에 없습니다. 진리와 법을 연마해야만 하는 이유는 그것이 없으면 우리의 앞길은 불행이요, 재앙이요, 질병이요, 파멸이기 때문입니다. 진리가 모두를 영원으로 이끌고 복락으로 이끌기 때문입니다.

부처님, 하나님은 만인을 사랑하시지만 영원의 길을 벗어난 자가 머물 곳은 고통일 수밖에 없습니다. 영원한 지옥, 영원한 천당으로 나누는 가르침도 있습니다. 불교에서는 천당, 지옥 역시 상대성의 세계입니다. 영원으로 나아가는 정거장 같은 곳입니다. 부처님은 기회 있을 때마다 "불(佛)이 법(法)이요, 법(法)이 불(佛)이다."라고 말씀하셨습니다. 그 같은 가르침을 통해 영원이신 부처님은 법과 하나인 존재이고 법을 따르는 자들만이 영원에 이를 수 있음을 거듭 밝히신 것입니다.

법을 그르치는 삶으로
자신과 세상을 그르치고 있다

법(法)이 영원이자, 부처님이라면 우리 모두는 영원의 아들딸입니다. 우리 마음 가운데 부처님께서 함께하십니다. "나는 항상 너희 모두의 마음 가운데 함께하고 있다." 하신 말씀 역시 같은 맥락의 가르침이라 할 수 있습니다.

마음 가운데 법이 함께하고 부처님이 함께하신다는데 그를 그르친다면 어떻게 될까요? 자신의 삶을 파탄으로 몰고 갈 수밖에 없습니다. 그 같은 사람들이 많으면 많을수록 세상은 어려울 수밖에 없습니다. 많은 사람이 법을 위반하는 생활로 자신과 세상을 그르치고 있습니다. 법에 귀의한 자의 마음 가운데 영원의 나라가 열리고 영원의 나라로 나아갈 수 있습니다.

부처님은 법 그 자체이시라 법질서에 반해서는 결코 어떤 일도 허락하지 않습니다. 부처님께서 이 우주를 인도함에는 법을 따릅니다. 사람들은 악을 떠나 법을 따름으로 해서 구제받을 수 있고 부처님 나라에 들 수 있습니다.

어느 쪽으로도 치우치지 않는
중도(中道)의 마음으로 수행한다면
우리는 행복한 미래를 창조할 수 있습니다.

－「지광 스님의 영원한 광명의 길」중에서

영원을 함께 공부한다

수많은 영혼은
어떻게 지내고 있을까?

수많은 사람, 아니 대부분의 사람은 죽음이 언제 어디에서 자신을 기다리는지 도무지 알 수 없어 지금 이 순간도 두려움에 떨고 있습니다. 진정 죽음이 언제 어디서 나를 덮칠지 아무도 알 수 없습니다. 언제 어디에서건 죽음을 만날 수밖에 없는 인생이기에 사람들은 대부분 죽음의 공포와 두려움에 몸서리칩니다. 우리가 죽음을 회피하면 할수록, 무시하면 할수록 공포와 불안은 더욱더 커질 수밖에 없습니다. 그 두려움으로부터 달아나기 위해 애쓸수록 두려움은 한층 더 들러붙습니다.

죽음에 대해 확실한 것은 두 가지! 죽는다는 것은 절대적으로 확실합니다. 언제 어디서 어떻게 죽을지 모른다는 것 역시 확실합니다. 누구든 이처럼 반드시 죽게 되지만 언제 어디서 어떻게 죽을지 알지 못하는 이유로 해서 죽음에 대해 생각하기를 연기하고 두려워합니다.

술래잡기 놀이를 하는 어린아이가 자기 눈을 가리면 아무도 자기를 볼 수 없다고 생각할지 모릅니다. 그와 유사한 행위를 벌이며 우리는 살고 있습니다. 진정 우리가 죽음을 두려워하는 가장 큰 이유는 무엇일까요? 명백한 진실은 자신이 누구인지 확실히 알지 못하기 때문입니다. 자신의 정체성을 제대로 알지 못한 채로 살다가 끌려가듯 떠나야 하기에 이 세상을 등진 수많은 영혼 역시 갈 바를 몰라 합니다. 그러면 그들은 지금 어떻게 지내고 있을까요?

영혼 역시
우주법칙의 통제를 받는다

그들도 갈 곳을 찾아 노심초사, 그 자체입니다. 육신은 바다를 항해하는 일엽편주, 경전과 영적 스승들은 모두 숙련된 뱃사공! 인간의 몸은 영혼이 하등 생물계에서 헤아릴 수 없는 태어남을 거듭한 끝에 비로소 얻게 되는 기회입니다. 사람으로 태어나 그 생애를 충분히 활용하지 못한다면 그는 영적인 자살을 범한 것이나 진배없습니다. 다시 하등한 생물체의 몸을 받게 될 위험을 안게 됩니다. 물질적 삶, 윤회계에서의 삶은 작용 반작용의 법칙을 따릅니다. 인생은 진정 찰나와도 같아 한 편의 영화 필름이 도는 듯합니다. 물질계는 찰나와도 같이 흐릅니다. 한 편의 쇼가 깜빡 지나가는 것에다 비유하는 편이 정확할 것입니다.

잠을 자고 있는 동안에는 외부와의 소통기관인 눈, 귀, 코, 혀,

몸의 문이 모두 막혀 버립니다. 죽음 또한 우주의 법칙, 자연의 법칙에 따라 우리에게 부여될 삶을 마련하기 위해 잠을 자는 기간과도 흡사합니다. 암중모색의 단계로, 흡사 미결수 상태와도 같이 대단히 갑갑하고 답답한 상황일 수가 있습니다.

대부분 우주의 법칙을 제대로 터득하지 못한 채, 갖가지 종류의 육체를 경험하면서 태어남과 죽음의 수레바퀴는 끝없이 돌고 돕니다. 우리는 보다 나은 다음 생애를 위한 만반의 준비를 해야만 합니다. 시민이 국가의 통제를 받듯 모든 생명체는 각각 우주 법칙의 통제를 받으며 살아갑니다.

영가들도 후손들도
영원을 공부해야 한다

우리의 현재 상념(想念)이 다음 생(生)의 육체를 창조합니다. 중유(中有), 중음신의 존재는 언제든 유형의 육체로 바뀝니다. 물질적인 상황을 이기게 될 때 영원한 삶, 참다운 영원의 의미를 발견하게 된다고 경전은 가르칩니다. 생명의 본체는 업 따라 온 우주를 돌아다니며 그의 계획 완수를 위해 진력합니다. 그가 태어난 별들의 영향력에 따라 육체적 감옥의 형기를 마치게 되고 자신에 맞는 또 다른 별을 찾아 육체를 얻습니다. 윤회의 법칙은 그가 과거에 행한 행동에 따라 공평무사하게 적용됩니다.

모사재인 성사재천(謀事在人 成事在天)이라 하듯, 자기가 저지른 바에 따라 하늘이 모든 것을 결정합니다. 그가 감각적 쾌락을 누리기를 원한다면 그와 같은 쾌락을 누리기에 편리한 구조를 갖춘 생명체에 그를 넣어줍니다. 자연히 그가 갈망하던 형체 속에 넣어주는 것은 그의 소망을 충족시켜 주기 위한 것입니다.

사람도 타인에게 자비나 연민을 베풀 듯, 부처님 역시 그 같은 자비를 베푸는 것이 당연하지 않을까요? 평범한 아버지도 자신의 자식들의 삶을 훌륭하게 하기 위해 한 번 이상의 기회를 줄 것입니다. 부처님, 하나님(Oneness)의 자비는 끝이 없습니다.

공덕의 소산으로 금생에 나온 이 육신을
말과 생각과 행동으로 해코지하지 마세요.
스트레스의 근원은
나의 말과 생각과 행동에서 비롯됩니다.

－「지광 스님의 영원한 광명의 길」 중에서

기도야말로 무한 번창의 길

유전자의 분자는
1분마다 바뀐다

기도는 참회입니다. 참회는 내일의 문을 여는 열쇠입니다. 그래서 기도는 희망입니다. 기도하는 자에게 희망의 문이 열리는 이유입니다.

중생들은 무명번뇌에 가려져 부처님과 보살님들께 귀의할 줄을 모릅니다. 부처님 법을 믿지 않고 비방하며 부처님 은혜를 생각지 않습니다. 그런 연고로 악도를 휘몰아 돌다 인간에 태어나도 이목구비가 온전치 못합니다. 모두가 신심이 없는 탓이고 기도를 모르는 탓입니다. 참회를 모르는 탓입니다.

부처님께서 중생을 사랑하심은 부모보다 더합니다. 부모가 자식을 사랑함은 한 세상에 그칩니다. 부모는 자식의 배은망덕을 보면 성을 내고 자비심이 약해집니다. 그러나 부처님의 중생에 대한 자비는 끝이 없습니다.

부처님과 보살의 자비는 어리석은 중생을 보게 될 경우, 자비심이 더욱더 커집니다. 그들이 무간지옥에 들어가고 큰 불구덩이에 들어가더라도 한없는 자비심으로 함께 무량한 고통을 받습니다.

이들 무량한 죄고중생들에게 생로병사는 끝이 없습니다. 재앙이 갑자기 덮쳐들고 생명은 아침이슬, 저녁 햇볕처럼 사라집니다. 세상이 무상하여 일 분에 하나씩 세포 내 유전자의 대사분자가 교체된다고 합니다. 대사분자는 원자로, 전자로, 광자로 되어 있고 그들은 모두 마음의 흐름에 따른 정보를 머금습니다. 색즉시공 공즉시색이기에 우리의 마음은 곧바로 유전자의 DNA, RNA의 변화에 방아쇠를 당깁니다. 진정 기도하지 않으면 안 되는 이유, 수행하고 참회하지 않으면 안 되는 이유는 바로 여기에 있습니다.

죄와 업장을
참회하라

어떤 미래를 원하시나요? 많은 사람이 "자꾸만 나아가는 길이 막히고 될 듯 될 듯 하다가 안 된다."라며 괴로워하고 안타까워합니다. 왜 그럴까요? 과거생과 현생 동안 자신의 무명으로 지은 죄와 업장 때문입니다. 참회해야 합니다.

참회하지 않는 자에게 내일이 없다고 하신 가르침대로 기도가 없는 자에게 내일이 있을 수 없습니다. 그래서 참회는 희망입니다. 기도는 진심으로의 참회요, 헌신적인 참회라 하신 부처님 말씀을 깊이 깊이 마음에 새기시길 당부 드립니다.

신심이 취약해 부처님을 믿지 않고 기도하지 않는 것은 가장 큰 죄라 하였습니다. 왜냐하면 기도하지 않기에 참회가 없고 참회가 없기에 지은 죄와 업장은 그대로 그의 앞길을 막아 버립니다. 그의 앞날은 불을 보듯 명확합니다. 견고한 신심을 갖는 것은 쉬운 일이 아닙니다. 기도하지 않고 참회하지 않는 자에게 제대로 신심이 생겨날 리 없습니다.

부처님 말씀 따라 기도하고 갖가지 선행과 공덕으로 장엄하면 악도를 면케 되고 부처님 나라의 문이 활짝 열릴 것입니다.

"인과는 메아리와 같아 어긋나지 않나니 마땅히 두려운 줄 알고 참회하라. 나와 남이다 하는 마음을 일으키고, 원수와 친한 이란 생각을 일으켰으니 원결을 맺은 죄가 무량하다. 어찌 장애가 없을 것인가? 원결을 맺은 죄, 무량무변하니 기도하고 참회하며 죄와 업장을 소멸시켜 나아가기를 간절히 발원하라." 부처님 말씀을 깊이 깊이 새겨야 합니다.

무한 번창의 길이요
희망과 소망이 달성되는 지름길

사람들은 한여름 덥다덥다 난리입니다. 그러나 여름에 농사를 잘 지어야만 가을의 수확을 제대로 거둘 수 있습니다. 농부들이 한여름 비지땀을 쏟는 이유에 대해 깊이 생각해 보시길 당부 드립니다. 여름의 갖가지 해충들의 범람과 비바람, 태풍을 이겨내야만 가을의 수확을 기대할 수 있습니다. 그래서 여름 한 철 농부들은 조상님의 보살핌이 함께하시길 간절히 기도드리는 마음으로 피땀 흘리는 날을 보내는 것입니다.

한여름 절마다 조상을 천도하는 우란분재를 올립니다. 평상시에 그릇된 마음, 번뇌로 쌓은 갖가지 악업들 역시 한여름의 기도로 참회하는 가운데 가을의 큰 수확을 기도드리는 것입니다. 흔히 타종교인들을 가리켜 "밥 먹듯이 기도한다."고 합니다. 실제 그렇습니다. 그들은 아침, 점심, 저녁 그리고 그 어느 곳에서건 음식을 취할 때 항상 "하늘에 계신 아버지, 아버지 이름을 거룩하게 하옵시며…" 손 모아 기도문을 읊조립니다. 진실로 밥을 먹듯 기도하는 것이지요. 실제로 우리나라를 보세요. 그리고 전 세계를 보세요. 이미 우리나라는 기독교 국가, 가톨릭 국가가 되어 버렸습니다. 불교 신자는 수백만이 줄었다 하고, 기독교 신자는 오히려 늘었다 합니다. 얼마나 맞는 통계자료인지는 알 수 없습니다. 그러나 분명한 사실은 기독교인들이 불교인들보다 훨씬 더 기도에 열심이고 종교생활에 적극적이란 점을 부인할 도리가 없습니다.

색즉시공 공즉시색이라, 기도의 길이 무한번창의 길이요, 희망과 소망이 달성되는 지름길이라 확신하시고 열심히 정진하시길 간절히 당부 드립니다.

7장

영원의 장

사람들이 발을 옮기고 생각하는 것이
죄 아님이 없다는데 우리의 인연들은 어떨까?
꿈에 등장하는 십 생, 백 생,
천 생의 과거세 인연령들이
각양각색으로 아프게 한다.
저 세상 권속들의 하소연이 들리는가?

새롭게 태어나게 하는 것은 커다란 공덕

**새로운
시작이다**

사람들은 흔히 죽으면 끝이라고 얘기합니다. 물론 그런 측면도 있습니다. 자신의 의사와는 상관없이 3차원의 세계, 물질의 세계와 완벽한 단절이 초래되기 때문입니다. 그러나 3차원의 세계와는 단절이지만, 모든 끝이 또 다른 시작이듯이 4차원 이상의 세계로 연결됩니다. 4차원 이상 세계의 삶이 시작되는 것입니다. 우리가 영원이란 말, 무한이란 말을 하고 에너지 불멸의 법칙이란 가르침을 얘기하듯 보이지 않는 차원에서의 불멸의 영역이 새로이 열리는 것입니다.

불교에서 법신(法身)은 영원하다고 가르치는 것처럼 우리의 몸과 마음 가운데 영원성이 드러나기 때문입니다. 영원의 길, 무한의 길, 불멸의 길은 하나같이 시간과 공간을 넘어선 차원입니다. 시간과 공간이 존재하는 세계는 상대성의 세계이고 시작이 있으면 끝이 있는 세계입니다. 영원이란 시공을 초월한, 생멸이 없는 절대의 세계란 뜻입니다. 무한이란 말도 마찬가지입니다. 한계가 없으니 하나라는 뜻이고 하나는 둘이 아니기에 전체가 되고 무한이 됩니다. 우주가 하나라 한다면 하나는 전체입니다. 전체가 하나라면 어디나 중심이고 어디나 부처님이요, 하나님이란 뜻과 맞닿습니다.

영원이라든지, 무한이라든지, 절대라든지, 법신이라든지의 가르침은 시공의 세계, 유한의 세계, 상대의 세계, 화신(化身)의 세계를 넘어서 그들 모두를 포용하며 3차원 세계를 머금습니다. 결국 3차원의 유한 존재는 무한에 포용돼 있으며 3차원을 끝낸다 하더라도 4차원 이상 고차원 무한대로 연결됩니다.

죽은 줄 모르는
중음신들

이 세상을 등지고 3차원의 세계를 떠나면 과연 어떻게 될까요. 다시 말하면 죽음 너머 저 세계는 어떻게 전개될까요? 부처님께서도 사후세계에 대해 항상 생사일여(生死一如)라고 말씀하셨습니다. 죽음 다음의 세계도 산 자들의 세계와 전혀 차이가 없다는 것입니다. 우리 모두의 마음 가운데 존재하는 사랑의 마음, 자비심은 문자 그대로 부처님 마음이요, 영원을 가는 마음이요, 법신의 마음입니다. 사람들이 사후 이 세상에 남겨두고 가는 것은 육신뿐 모든 감각은 살아 있습니다. 자신의 죽음을 제대로 인지할 수 없을 정도로 분명히 존재합니다.

그곳에서 이 세상을 살 때의 모든 인연을 만날 수 있습니다. 그 누구도 마음만 먹으면 빠짐없이 만납니다. 사바세계 부부의 경우, 함께 만나 살기도 합니다. 그러나 세월이 흐르면 서로간의 업이 다르기 때문에 함께할 수 없다 합니다. 참된 사랑의 마음으로 하나된 화합의 마음이 느껴지지 못하면 얼마간 만나 지내다가 헤어집니다. 저 세상은 모두가 마음의 결합력, 즉 사랑과 자비심의 강도에 따라 결정되기 때문입니다.

그를 안내하고 저승으로 인도하는 안내령이 죽음과 동시에 저승에 접어들면서 "그대는 이제 중음신, 영혼이 되었다." 얘기해도 제대로 깨닫지 못해 혼미한 상태로 존재합니다. 죽은 후에도 세상에 있을 때의 몸을 그대로 가지고 있는 줄로 착각하지요. 결코 죽은 줄을 알지 못합니다.

대낮의 광명과
석양의 그늘 차이

이승에서 저승으로 옮기는 것은 한 장소에서 다른 장소로 옮기는 것과 다름없습니다. 자기의 기억을 모두 다 가지고 갑니다. 사람이 죽었다는 것은 지상의 육체의 죽음만을 말할 뿐이요, 죽었다 해서 참으로 자기를 잃었다고 말할 수는 없습니다. 지상의 모든 기억을 다 가져갑니다. 가장 어릴 때부터 일생의 마지막 날까지 세상에서 보고 듣고 읽고 공부하고 생각했던 모든 것을 포함해 자연적인 기억까지도 다 가지고 갑니다.

그러나 영계, 즉 중음계에서는 이 세상에서 생활할 때보다 훨씬 더 현명해지고 특출난 감각기능을 가지고 있다는 점입니다. 영계는 세상보다 훨씬 더 밝은 광명의 세계이고 지상의 대기보다 몇 배나 더 맑고 깨끗한 영적 대기에 감싸여 있기 때문입니다.

비유하자면, 지상에서의 맑게 갠 날씨와 어둡고 흐린 날씨의 차이라 할까요. 대낮의 광명과 석양의 그늘의 차이와 같다고 보면 이해가 빠를 것입니다. 영혼들의 세계에서는 이미 사바에서의 말과 생각, 행동 등 모든 것이 다 찍혀 기억의 형태로 남아 있기 때문에 숨길 수 있는 것은 아무것도 없습니다. 적나라하게 드러나고 스스로 그의 죄상을 자복하지 않을 수 없게 됩니다.

끝없이
공부하고픈 열망

이승에서 살던 모든 인연을 만나게 됩니다. 점차 영계, 중음계의 생활이 익숙해지는 가운데 서로간에 지은 업이 달라 헤어지게 되면서 2단계의 영적 삶이 열립니다. 앞서 말씀드린 대로 저승까지 따라와 좋아서 만났고, 만나고 싶어 만났지만 업이 다르기에 함께 살기 힘겨운 관계가 되는 것입니다. 사바세계의 이혼과 이별 같지는 않지만 서로서로 자신들의 업 따라 제 갈 길을 떠납니다.

사바세계에서의 모든 인연에 대한 흥미가 사라지는 것입니다.

점점 다른 차원의 세계에 익숙하게 되면서 마음이 화합되지 않을 경우, 서로 반목하고 싸우기도 합니다. 결국 헤어질 수밖에 없는 상태가 되고, 헤어지면서 제2의 상태에 들어섭니다. 저들은 이 세상에 있을 때와 저 세상이 너무도 똑같다는 사실에 크게 놀라워합니다. 그 같은 상황 가운데 점차 중음계, 영계, 천국, 지옥 등에 대해 지극히 알고 싶어 하고 어디에 있는지 어떤 세계인지에 대해 공부하기를 열망합니다.

이때 영계의 지도령들은 그들을 위해 영계의 여러 장소, 여러 단체들에 데리고 가서 여러 가지 교육을 시킵니다. 영계·중음계의 시가지, 공원, 정원, 장대한 대우주의 파노라마 등을 보여주면서 그들에게 이승에서 품고 있던 사후 영혼들의 상태나 영계, 천당, 지옥에 대한 지식을 새롭게 일깨웁니다. 그러나 어떤 영혼은 이 같은 상태를 통하지 않고 사후에 곧바로 천국이나 지옥 등으로 가는 경우가 있습니다. 사바에서 선업을 많이 닦은 사람 또는 너무도 극악한 사람들의 경우입니다.

죽음을 앞둔 백 명 중 아흔아홉 명까지가
겁먹은 눈빛이 된다고 합니다.
왜 죽음 앞에서는 모두 공포에 질린 눈이 될까요?

– 「지광 스님의 영원한 광명의 길」 중에서

우주화되지 못한 존재들

감각적 지각적 활동은
인간을 부패시킨다

상대성의 세계에는 항상 갈등이 존재합니다. 본래 모두가 하나에서 출발하였기에 갈등과 고통 가운데에서도 하나의 길로 나아가려는 강렬한 의지를 지닙니다. 남녀의 만남도 하나로의 의지의 표현이요, 만났던 사람들이 헤어질 때의 아쉬움도 그 같은 맥락에서 이해됩니다. 항상 만남과 헤어짐은 안타까움과 고통을 수반합니다.

"사랑하는 사람도 만들지 말라, 미워하는 사람도 만들지 말라." 하는 가르침도 따지고 보면 모두가 같은 패러다임의 소산입니다. 사랑하는 사람은 만나지 못해 괴롭고 미워하는 사람은 만나서 괴롭다 하는데 사랑하지 않으면 미워할 일도 없습니다. 사랑하는 사람이었기에 미워하는 것이라 한다면 결국 미움은 왜곡된 사랑의 모습입니다.

모두 하나가 되지 못한 결과, 고통스러운 상황이 된 것입니다. 모두 하나가 되고자 하는 강렬한 의지를 가졌음에도 갖가지 감각적·지각적 불만족과 갈등으로 괴로워합니다. 그 결과 사람들은 갖가지 고통과 아픔 속에서 울부짖습니다. 감각적·지각적 활동이 설령 그를 충족시킨다 하더라도 대체로 만남과 헤어짐은 이기적이고 허탈합니다. 목이 마를 때 소금물을 마신 격이라고나 할까요. 감각적 활동은 대체로 인간을 부패시키고 붕괴시킬 가능성이 큽니다. 삶을 살아가면서도 삶에 빠지지 말라 하는 이유가 여기에 있습니다.

수행의 길은 하나의 길
통일의 길이다

우리가 수행을 중시하는 이유는 간단합니다. 수행의 길은 하나로의 길이기 때문입니다. 단일화, 총력화를 지향하는 것이 모든 수행의 특징입니다. 인간의 기본적인 이기적 성향을 절제 내지는 항복 받음으로 인해 상대적 인간을 초월하려는 것입니다. 몸과 마음을 항복 받기 위해 가부좌를 틀고 호흡을 안정시켜 집중력을 강화시킵니다. 대상과 하나되거나 주의를 집중시키는 화두를 들거나 합니다. 모두를 하나로 통일시켜 참 나로 몰입하려는 시도입니다.

좌선의 자세는 움직임의 거부를 통해 몸을 조복 받습니다. 자세에 대한 노력이 사라질 때 육체상의 고통을 받지 않게 됩니다. 육체를 항복 받을 때 마음은 무한대로 나아갈 수 있습니다. 좌선의 자세를 통해 신체의 고통을 억제하고 이겨내는 데 많은 노력을 기울여야 합니다. 부동의 자세를 통해 하나의 길을 갈 수 있습니다. 제법(諸法)이 부동(不動)이기 때문입니다.

호흡에 대한 단련 역시 중요한 하나로의 길입니다. 보통 사람들은 분노 속에 호흡이 거칠어집니다. 집중 속에서는 호흡이 리드미컬해지고 고요해집니다. 보통 사람들은 일반적으로 호흡이 리드미컬하지 못합니다. 수면상태로 들어갈 때도 의식의 연속성을 유지하지 못합니다. 그러나 수행자들은 확고한 의식을 가지고 수면상태에 들 때도, 평상시에도 의식의 연속성을 유지합니다. 호흡의 불규칙성은 주의력의 산만과 더불어 심적 불안정 상태, 해로운 심적 유동성을 초래합니다.

거룩한 의지가
함께한다

호흡에 대한 의식을 완전히 잊어버리는 상태를 통해 생명의 진수로 향하는 길이 열립니다. 호흡 그 자체가 됩니다. 허공이 되는 것입니다. 자세의 안정 그리고 호흡의 조절과 더불어 주의력이 집중되면 하나의 세계로 허공으로 나아가는 탁월한 문이 열립니다. 우주는 그 누구든 하나의 세계로 나아가려는 자들을 크게 환영합니다. 그 누구든 부처님 세계로 나아가려는 사람들을 옹호하고 환희케 하는 힘을 발휘합니다. 그러나 상대성의 세계로부터 자신을 분리시키려는 강력한 노력을 감행하지 않는다면 결코 해탈은 없습니다. 우리가 물질의 세계로부터 해방이 되지 않고서는 참다운 자각 또는 진정한 자신의 주인이 될 수 없습니다.

인간은 감각적 느낌과 잠재의식에서 산출된 연상 작용에 자신을 맡기고 무수한 파괴적 순간들에 이리저리 휩쓸리면서 살아갑니다. 그같이 흔들리는 의식을 붙잡기 위해 하나의 대상에 자신의 의식을 집중시켜야만 합니다. 하나가 되면 자유입니다. 해탈입니다. 상대의 세계는 무명입니다. 인간은 지혜의 부족으로 존재하며 또 지속되고 있습니다. 육신은 고통의 장소이고 감각과 지각은 고통으로 인도합니다. 쾌락 역시 괴로움이 뒤따르기에 고통으로 부터의 해방은 수행자들의 궁극적인 목적입니다. 부처님의 지혜는 우리 모두를 진정한 자아의 세계로 인도합니다. 인간의 삶은 고통이지만 결코 절망적이지는 않습니다. 왜냐하면 모든 경험은 그를 통해 우리를 해방시키려는 거룩한 의지가 함께하기 때문입니다. 진실로 자유가 얻어지는 것은 오로지 경험을 통해서입니다.

우주화되지 못한
영혼들

우리가 말하고 생각하고 행동할 때 남을 위하는 마음으로 행하면 즐거움이 깃듭니다. 그 반대의 경우, 우리에게 남는 것은 고통입니다. 누가 시킨 것도 아닙니다. 우리 스스로의 마음 가운데 저절로 펼쳐지는 세계입니다. 거룩한 부처님의 의지입니다. 하나되는 즐거움의 경험은 부처님의 나라로 이끌려 하시는 부처님의 보살핌입니다. 만상은 다른, 그 누구를 위해 존재합니다. 침대가 사람을 위해 존재하듯 이 육신도 그 누구를 위해 존재합니다.

그 누구란 도대체 누구인가요? 이웃이요, 자신이요, 자신의 불성이요, 부처님입니다. 우리가 수행을 통해 그를 깨닫는 순간 우리의 개인성은 쓸모없게 됩니다. 무희가 관객을 만족시킨 후, 무대 뒤로 사라지는 격이라고나 할까요. 하나의 길, 집중의 길은 불사신의 길이고 부동(不動)을 통한 인간성 폐지의 길입니다.

해탈의 경계를 달성하는 순간 고(苦)는 더 이상 고(苦)이기를 포기합니다. 물질적 쾌락을 포기함으로써 얻는 힘은 그가 포기한 쾌락보다 훨씬 더 수승합니다. 이 세상을 등진 무량한 영혼들은 그 같은 사실을 깨닫지 못한 채 이승을 등졌기에 저승에서도 고통스럽습니다. 그들의 의식은 우주화되지 못했기에 그들의 제도는 중요한 의미가 있습니다.

종교란 이고득락(離苦得樂),
고통을 여의게 하고 즐거움의 세계로 안내하며,
전미개오(轉迷開悟),
어리석음을 돌이켜서 깨달음을 얻게 합니다.

－「지광 스님의 영원한 광명의 길」 중에서

착각을 깨뜨려라

우리의 몸과 마음은
하나이다

태양이 우주를 비추듯 마음이 이 몸을 비춥니다. 구름 낀 날 태양이 안 보일지라도 하늘에 떠 있다는 사실을 아는 것처럼 우리의 영혼을 직접 감지할 수는 없어도 의식이 있다는 사실로써 영혼이 우리의 몸과 하나임을 알 수 있습니다. 의식이 떠나면 육체는 한 덩이의 시체에 불과합니다.

우리의 영혼은 흡사 물질에너지로 만들어진 기계에 탑승하고 있듯이 육신에 탑승하고 있습니다. 육체는 마음이 타고 다니는 수레라 할 수 있습니다. 우리의 마음은 환상에 취해 육체라는 마차를 타고 온 우주를 배회합니다. 아득한 옛날부터 생명의 종류를 이 종류에서 저 종류로 바꿔 가면서, 이 혹성에서 저 혹성으로 영속적인 여행을 계속하고 있습니다. 물질세계를 즐기고자 하는 마음 때문에 끊임없이 다시 태어나면서 고통의 과정을 통해 영적 진화의 단계를 거칩니다.

끝없는 윤회를 통해 이 몸으로부터 해방될 기회를 얻으려 합니다. 이생에서 떠날 때의 마음 상태가 다음번 출생의 기초가 됩니다. 죽음은 지난날의 삶의 망각을 요구하지만 강렬한 원한, 원망 등은 그대로 남습니다. 흔히 유령으로 지칭되는 원한령들은 자살 등의 비통한 과보로 다시 태어날 육체가 유예된 존재들입니다.

영적 품성의
개량

우리는 수많은 삶을 거치면서 끊임없이 영적인 품성을 개량해 나갑니다. 윤회의 교리는 영원한 형벌의 논리보다 훨씬 더 합리적입니다. 설령 악한 사람이 지은 선행이라도 이를 인정하고 보호합니다. 100% 나쁜 죄만 짓는 사람이 있을까요? 본고향으로 돌아갈 때까지 우리는 지은 죄와 공덕에 따라 벌을 받기도 하고 상을 받기도 하면서 윤회를 계속합니다. 절대선, 절대악은 없습니다.

진화냐 퇴보냐는 전적으로 자신의 의지에 달려 있습니다. 이 세상에 살면서도 사람들에게 바른 길을 깨우쳐주는 공덕이 큰 법이 듯이 이 세상 너머 저승의 주민들에 대한 배려 역시 우리의 중요한 과제인 것입니다. 그들을 깨우쳐 인도하지 못하는 것이야말로 개인의 불행인 동시에 가정의 불행이요, 나라의 불행입니다. 천도는 우리가 지켜야 할 중차대한 의무요, 책임을 다하는 숭고한 숙제입니다.

사람들은 얼마간의 짧은 세월이 흐르고 나면 새로운 수레로 교환해야만 하는 이 육신에 너무도 크나큰 애착을 지닌 채 살아갑니다. 얼마 안 있어 교환될 이 육체에 왜 그토록 집착하며 그다지도 큰 중요성을 부여하는가요? 우리는 삶의 의미도 제대로 모르고 또 죽음 너머의 상황 역시 너무 모릅니다. 그저 두려워하고 무서워할 뿐 외면하려 합니다. 죽음 다음의 고통이 지금보다 수천만 배 된다 하더라도 백안시 하시겠습니까?

원한은 심각한
결과를 불러온다

불교의 중요한 초점은 죽음의 극복에 맞춰져 있습니다. 죽음을 이긴다는 것은 다시 태어나지 않아도 된다는 뜻입니다. 성불의 의미와도 통합니다. 죽음의 극복을 위해, 생사해탈을 위해 부단한 수행을 강조하는 이유가 바로 여기에 있습니다.

죽음을 이기기 위해 처절히 살아야 합니다. 어떠한 재물도 명예도 죽음을 이길 수 없다는 투철한 진실을 분명히 깨달아야 합니다. 죽음 공부가 제대로 되어 있지 않은 채, 죽음 너머로 들어서게 되면 저승에 가서도 착각 속에 헤맵니다. 중생들의 크나큰 비극입니다. "모두 내가 죽었다고 아우성치는데 나는 전혀 죽지 않았다. 내가 살아 있다는 사실을 저들에게 알려주고 싶다. 아니면 내가 처한 고통스런 상황을 알리고 싶다." 등등의 강렬한 욕구를 갖게 됩니다.

그들의 그 같은 마음은 강렬한 증오, 원한 등의 심각한 상황을 불러옵니다. 그래서 사바세계의 우리는 가능한 한 그들의 착각을 깨뜨려 주어야만 합니다. 천도의 크나큰 공덕은 그들의 착각을 깨고 사바의 부질없는 집착과 착각에서 벗어나라는 강렬한 노력을 끊임없이 펼치는 데에 있습니다.

사람들은 왜 죽음 너머에까지 사바의 그 무거운 짐을 지고 가려 하는가요? 여기서도 무거웠는데 거기까지 가져가서 어쩌겠다는 걸까요?

공부한 사람의 죽음은
질이 다르다

그 무거운 짐을 벗어 내던지지 못한다는 것은 얼마나 큰 불행인가요? 그 같은 불행 속의 영가들을 제도하고 깨우쳐 주는 것이 우리 모두의 책임이요, 사명입니다.

오랜 세월을 머리를 깎고 살면서 무던히도 많은 사람을 저승으로 떠나보냈습니다. 앞으로도 얼마나 많은 시신을 모시게 될지 알 수 없습니다. 수많은 임종자도 지켜보았습니다. 그때마다 절감하는 사실은 '진실로 부처님 가르침을 널리 펴야만 하겠구나' 하는 다짐입니다.

능인불교대학을 졸업한 사람들, 법회에 열심히 동참한 사람들, 기도에 열심히 동참한 임종자들의 죽음이 비교적 당당하다는 사실 때문입니다. 부지불식간에 법당에 드나들면서 몸과 마음 가운데 부처님의 기운이 배어든 것입니다. 불교에서 흔히 말하듯 '훈습(熏習)'된 때문입니다. 임종을 지켜보면 공부한 사람과 하지 않은 사람들 간에 죽음의 현격한 질적 차이가 있습니다.

영가들을 깨우치는 것이야말로 우리의 크나큰 공덕의 텃밭이요, 중차대한 의무요, 책임입니다. 우리는 부처님 될 때까지 끊임없이 죽음과 삶을 계속해야 합니다.

천도는 영원의 문을 여는 비장의 열쇠입니다. 스스로는 물론 인연 영가들의 천도에 총력을 다하시기 바랍니다.

죽기 연습이란
무상의 삶을 직시하고
순간순간 몸과 마음을 불사르는 것,
순간 속에서
영원을 사는 마음을 갖는 것입니다.

－「지광 스님의 영원한 광명의 길」 중에서

그대는 신(神)이다. 귀신(鬼神)이다

우리는 과거에도 신(神)이었고
지금도 신(神)이다. 귀신(鬼神)이다

　전구가 깨지면 빛을 발하지 못합니다. 그러나 소켓까지 흐르고 있는 전기량은 변하지 않습니다. 육체는 죽더라도 생명에너지는 영체에 똑같이 흐릅니다. 육체 너머 영체(靈體)라 불리는 몸이 더 있습니다. 이를 법신이라고도 부릅니다. 육체와는 진동 숫자가 전혀 다른 몸입니다. 무한히 정화되고 무한한 속도로 진동합니다.

　부처님 말씀에 따르면 태곳적에 사람들이 모두 신이었던 시절이 있었다고 합니다. 신들과 함께 지내며 스스로의 권능을 너무 남용해 고뇌에 떨어졌다는 얘기가 경전에 전해집니다.

　신에 필적하는 몸이 우리의 사후(死後)에도 존재한다는 사실을 잊지 마세요. 다만 깨닫지 못했기에, 어두운 마음 때문에 귀신(鬼神)이라 부를 수밖에 없는 사실이 안타깝습니다. 우리는 살아생전에도 살아 있는 귀신입니다. 흔히 아우라(Aura)란 말을 쓰기도 하는데, 맨눈으로는 제대로 감지하기 힘들지만 무언가 알 수 없는 빛에너지가 우리의 몸을 감싸고 있다는 얘기를 과학자들이 하고 있습니다.

이승에서의 삶은 태어날 때 일정한 수명이 주어졌습니다. 때가 되면 모두가 죽지만 죽지 않는 몸이 있다는 사실을 분명히 알아야 합니다. 『반야심경』에도 등장하듯 '불생불멸'의 존재가 우리의 몸 가운데 존재하는 것입니다. 그 같은 영체 또는 귀신의 이름으로 불리는 존재들은 부처님 말씀대로 '생각의 몸' 즉 '상념체(想念體)' 로, '생각[識]'으로 존재합니다. 우리가 말을 하면 음파가 상대와 나의 고막을 건드리지만 말 속에 생각, 마음이 담겨져 상대의 마음으로 통합니다. 말이, 말이 아니라 마음인 것입니다.

악령을 만나기도 하고
선령을 만나기도 한다

말과 생각을 음파(音波), 염파(念波), 뇌파(腦波), 전파(電波) 이렇게 말하듯이 모두 파동성을 지닙니다. 파동은 어떤 성질을 갖고 있을까요? 그 누군가에게 전달되어야만 하는 특성을 지닙니다. 말이, 말이 아니라 마음이다 하는 것처럼 생각도 생각이 아니라 마음입니다. 뇌파도 전파도 모두 마음이지요. 마음이 담겨져 대상에게 전달되는 것입니다.

그래서 '마음을 닦으라' 하고 '수행을 하라' 합니다. 이유는 그러한 마음을 담은 파동들이 주변에 유사한 마음들을 불러 모으기 때문입니다. 내 마음이 환하면 주변에 선령(善靈)들이 모이고, 내 마음이 어두우면 주변에 악령(惡靈)들이 모이게 됩니다. 결국 나의 주변 환경은 내 마음의 세척 정도, 정화의 정도 따라 형성됩니다. 내가 이 땅을 등지게 된다 하더라도 나의 주변에 있던 나와 유사한 마음을 지닌 존재들과 만날 수밖에 없기에 선도(善道), 악도(惡道) 이렇게 말하는 것입니다.

사람들은 진정 나의 주변에 선령, 또는 악령이 있는가, 궁금해합니다. 가끔 꿈속에서 못된 존재를 만나 대판 싸우거나 악몽(惡夢)을 꾸는 경우가 있지 않던가요? 온몸에 땀범벅을 하고 깨어나 힘이 쭉 빠져 몸을 움직이기도 힘든 경험을 해본 적은 없으신가요?

어느 날 어떤 보살님과 대화를 나누었습니다. 돌아가신 남편을 대단히 못마땅하게 생각하고 갖가지 푸념을 늘어놓으셨습니다. 한 번도 뵌 적이 없는 돌아가신 거사님인데 보살님 말씀을 듣고 있노라니 안타까운 마음이 들어 맞장구를 쳐드렸습니다. 돌아가신 남편분이 참으로 모질고 부정적인 심성을 지녔던 분이구나 하는 생각이 들었기 때문입니다.

그날 밤 잠이 들었는데 꿈속에서 전혀 생면부지의 남자가 무서운 눈으로 적개심을 표하더니 달려들었습니다. 다음 날 전화를 해 인상착의를 얘기해 보니 그 보살의 죽은 남편이었습니다. 보살님도 너무 놀라워했습니다.

부처님 말씀에 "잠을 자며 죽음에 익숙해지고 꿈을 꾸며 또 다른 세상을 산다." 하셨습니다. 죽음에 익숙해지기 위해 잠을 자는 것이고 다른 차원의 세상이 존재함에 익숙해지기 위해 꿈을 꾼다는 것입니다. 부처님 경에도 악귀 사마(惡鬼 邪魔)를 쫓기 위해 구병시식 천도재를 올리고 우란분재를 올리라고 하셨습니다. 다른 종교에서도 불교에서도 창교주가 마귀를 쫓은 얘기들을 그들의 경전에 담고 있습니다.

악마와 악령과 싸웠다는 얘기는 틀린 말이 아닙니다. 어느 정도 깨우친 영혼과 그렇지 못한 영혼들이 있는 것입니다. 또 다른 차원의 존재, 상념체(想念體), 눈에 보이지는 않지만 생각, 의식으로 존재하는 생명체들이 충만합니다.

무한 영혼은 해방을 위해
해탈을 위해 존재한다

죽은 영혼만이 아닙니다. 우리 스스로도 생각을 하고 상상을 합니다. 내가 나쁜 행위를 하면 그 순간 '아! 나는 벌 받을지 몰라' 하는 생각이 들고 벌 받는 나의 모습을 상상하게 됩니다. 실제 꿈속에서 내가 누군가를 마구 때리고 있는데 때리고 있는 대상이 누군가 하고 살펴보니 바로 자기 자신이더라는 심리학자들의 보고도 있습니다. 내 마음이 나의 상상으로, 자작(自作)해서 상념체를 만드는 것입니다. 이른바 생령(生靈)입니다.

일체유심조(一切唯心造)라 하듯이 나의 마음이 갖는 창조성을 항상 생각해야 합니다. 우리가 왜 기도하고 수행해야 할까요? 그릇된 상념체를 만들지 않기 위해서입니다. 내가 남에게 그릇된 행동을 하거나 말하고 생각하면 그의 응보를 부르는 상상을 하게 되고 벌 받는 나를 창조하게 됩니다. 내가 자꾸만 그릇된 상념 속에 살면 더러운 시궁창에 파리, 모기가 날아드는 원리에 따라 내 주변은 시궁창으로 변해 버립니다.

우리는 마음을 잘 써야 합니다. 죽은 자들이 산 자들에게 영향력을 행사할 수 있기 때문입니다.

눈만 감으면 이 우주는
부처님 나라입니다.
명상을 하다 보면
마음의 힘, 허공의 힘, 부처님의 힘을 느끼게 되는
놀라운 일이 일어납니다.

－「지광 스님의 영원한 광명의 길」 중에서

삶과 죽음의 계곡에서 벌어지는 일들

식(識)·중음(中陰)·
영혼(靈魂)·영가(靈駕)

우리의 생명은 호흡에 있습니다. 호흡은 허공을 마시는 것이고 허공은 바로 부처님의 몸입니다. 결국 우리의 생명은 허공이요, 부처님입니다. 항상 드리는 말씀이지요. 부처님께서 잠시 업(業) 따라 지어진 육신에 머무시는 것입니다. 대자재이신 부처님께서 갑갑한 육신에 머무시는 것이 얼마나 답답하실까요? 부처님께서 갑갑한 육신에 머무시게 만드는 원동력을 업(業)이요, 식(識)이라 부릅니다.

식(識) 또는 중음(中陰)이라 불리는 세계는 불교에서만 얘기하는 특유한 세계입니다. 타종교에서도 연옥이란 말로 유사한 세계가 있긴 합니다. 우리의 육신이 실제 존재하는 것 같지만 허망하게 스러지듯 식(識) 역시 같은 성질을 지니고 있습니다. 흔히 '식'을 이 몸의 원동력이라 하는데 허망한 이 몸을 만드는 설계도와도 같은 역할을 합니다. 식은 이 몸과 마찬가지로 마음의 작용으로 생겨난 허망한 그림자와 같은 것입니다.

불교에서 말하는 식이 바로 세간에서 말하는 영혼과 유사한 것이라 보면 대차가 없습니다. 불교에서는 영가라 부릅니다. 식으로 둘러싸인 부처님 마음은 풍선과도 같이, 물거품과도 같이 개별성을 지니는 존재로 얘기되는데 이를 일컬어 영혼이라 부른다고 보면 이해하기 쉬울 것입니다. 그런데 식은 눈에 보이지 않는 것이어서 이 몸이 기능을 다하면 허망한 이 몸을 떠나 다른 몸을 구하게 됩니다. 흡사 자동차가 수명이 다 되면 버리고 새 차를 타게 되는 이치와 같다 하겠습니다.

영혼이 육신을 떠나게 되는 현상을 죽음이라 하지요. 지금껏 죽음 저 너머의 보이지 않는 세계에 관해서는 많고 많은 얘기를 나누었습니다. 불경은 보이는 세계와 보이지 않는 세계를 하나로 보기 때문에 죽음 저 너머에 관한 내용이 불경 전편을 뒤덮고 있다고 봐야 할 것입니다. 본래 식은 허망한 것이어서 실체가 있는 것이 아닙니다. 그래서 이 마음을 설명할 때 몸과 같이 있는 것도 아니요, 없는 것도 아니라는 말씀이 등장합니다.

『화엄경』에 나오는 대로 "마음이 몸에 있는 것이 아니요, 몸이 마음에 있는 것이 아니다."로 설하는 것이죠.

구병시식·천도재· 기도의 중요성

영혼이 이 몸에 깃들어 생활하면서 호흡을 하게 됩니다. 호흡이 멈추면 영혼은 자연히 몸을 떠납니다. 호흡과 맥박은 불가분리의 관계로 호흡의 힘으로 피가 흐르게 되고 맥박이 뛰기 시작합니다. 이때 호흡이 끊어지면 맥박도 끊어지게 됩니다. 그러면 영혼은 이 몸을 떠납니다. 그 기간이 3~5일이어서 3일장, 5일장을 지내는 것입니다.

대체로 이 세상을 등진 영혼들은 삶의 말기에 가지고 있던 생각을 사후 얼마 동안 가지고 있습니다. 그래서 병으로 고생하다 죽은 영혼들의 병적인 상념이 자손이나 친지들에게 전달되어 질병에 시달리는 수가 있습니다. 그러한 예가 비교적 잦기에 구병시식과 같은 의식이 전해지고 있습니다. 구병시식은 문자 그대로 질병에 시달리다 죽은 영혼 또는 그렇지 않더라도 살아 있는 사람들에게 붙어 갖가지 질병을 일으키는 영혼들을 떠나게 하는 의식입니다. 병든 영혼들을 깨우쳐 제 갈 길을 가게 하는 것입니다.

이유 없이 질병에 시달리는 사람, 아무런 신체적 이상이 없는데도 고통스러운 사람, 정신질환, 우울증 그리고 신경성이라는 진단을 받은 사람들 가운데 가만히 살펴보면 사자(死者)의 영혼이 붙어 있는 예가 다반사입니다.

처음에는 영혼이 붙어 시작되었기에 기도를 하거나 천도재를 지내거나 하면 영혼들이 제 갈 길을 가게 되어 쾌차하게 됩니다만, 시간이 오래되면 세포에까지 병변이 생겨 불치의 병이 되기도 합니다.

암이 되거나 원인 모를 병이 생깁니다. 흔히 의학이 아는 병보다 모르는 병이 더 많다 하지 않습니까? 실제 아버지가 당뇨병과 합병증으로 돌아가셨는데 대학생, 고등학생 아들이 당뇨질환이 생긴 예 등을 목격했습니다. 유전자 때문일까요? 당뇨병 아버지의 영혼 때문일까요? 요즘 병원에서는 꼭 가족력을 묻습니다.

그래서 기도와 정진을 강조하고 천도재를 강조하는 것입니다. 특히 최근의 예를 보면 임신 중절과 낙태아 영혼들의 집요한 원한을 참으로 많이 찾아볼 수 있습니다. 평상시 우리가 좋은 마음으로 살아가야 하는 이유가 여기에 있습니다. 죽은 후에 생전 원한을 맺은 영혼들의 저주가 실제 존재하기 때문입니다.

영적 존재가 항상
함께하고 있다

영혼이, 영가가 인간의 신체와 꼭 같은 몸을 가지고 있고 인간과 꼭 같은 감정을 가지고 있다는 사실을 이해하기 어려운가요? 영혼이 이 세상을 떠날 때(이 몸에서 빠져나올 때) 그를 돕는 존재들이 있는데 이를 저승사자라 부릅니다. 저승사자들에 대해서는 여러 가지 설명이 있을 수 있으나 살아생전부터 그를 지켜보고 옹호했던 지도령들이 그를 저승으로 인도해 간다고 합니다.

우리가 끼리끼리 모인다고 할 때 이것은 보이는 세계뿐만 아니라 보이지 않는 세계에도 적용됩니다. 살아생전 그의 영혼과 같은 등급의 영혼들이 상응(相應)하면서 살아갑니다.

청정하게 사는 사람들은 부처님 뜻 따라 사는 사람들이기에 흡사 왕과도 같이 옹호를 받는다고 합니다. 왕은 만조백관의 옹호를 받기에 그 힘이 강성해 나라를 거침없이 다스립니다. 청정하게 사는 사람, 바르게 사는 사람들은 허공계의 무량한 신령들과 불보살님의 가호를 힘입기에 무슨 일이든 거침없이 해나갈 수 있습니다.

또한 함부로 아무렇게나 사는 사람은 흡사 범죄자와 같아 그 누구의 옹호도 받지 못하고 곤란을 당하게 된다 합니다. 범죄자를 도와주려는 사람이 없는 것처럼 범죄자의 주변에는 선신(善神)들이 모두 떠나고 악령들이 들끓기에 파멸의 구렁으로 떨어질 수밖에 없습니다.

인간 존재의 기본적 사실은
이웃과 함께 하는 데 있습니다.
타인을 위해 행동을 개시하는 것,
그것이 바로 참된 깨달음입니다.

－「지광 스님의 영원한 광명의 길」 중에서

결코 죽으면 그만이 아니다

죽으면 결코
그만이 아니다

　사람들 가운데 흔히 "죽으면 그만이지."라는 말을 쓰는 분이 많습니다. 참으로 위험한 사고방식입니다. 고통스러운 세상, 내 스스로 청산하고 말지 하는 생각으로 자살을 시도하는 사람들이 있습니다. 실제 자살자의 영혼이 얼마나 커다란 고통을 받고 있는가 하는 예는 신도님 딸을 통해 실제 체험한 바도 있고, 심령술 관계 영매(일종의 무당)들의 접신(接神) 상태를 통해 세계 각국에서 보고되고 있습니다.

　불교에서는 『반야심경』에서도 말씀하셨듯 불생불멸이요, 불구부정이요, 부증불감입니다. 이 세상을 살 때 쓰던 마음이 이 세상을 등진 다음에는 모두 다 사라져 버릴까요? 결코 그렇지 않다는 것이 부처님 말씀입니다. 그가 지은 업(業) 따라 갈고 닦은 대로 제 갈 길을 열어갑니다. 뜻이 있으면 길이 열린다 하듯이 좋은 뜻을 지니고 살았던 사람은 좋은 길로 가고, 나쁜 뜻을 지니고 살았던 사람은 나쁜 길로 가는 법입니다. 이 세상을 떠났다 해서 모든 것이 끝났다 생각하는 것은 참으로 어리석고도 어리석은 생각이라 아니할 수 없습니다.

오히려 이 세상을 살 때보다 더욱 곤경에 처해 있는 영혼들의 예가 훨씬 더 많음을 부처님께서는 말씀하셨습니다. 항상 삼악도(三惡道)를 말하듯 사람들이 이 세상을 등진 다음, 더 나쁜 길로 향하게 되는 예가 열 중에 아홉이라는 것이 경전의 가르침입니다.

이와 같은 상황일진대 어찌 죽으면 그만이라 하겠습니까? 그와 같은 사고방식은 참으로 위험한 사고방식이라 아니할 수 없습니다. 부처님께서 "바른 길[正道]를 가라, 6바라밀을 닦아라, 기도하라 정진하라." 하신 말씀은 우리가 결코 죽음으로 끝나는 존재가 아니라는 엄연한 진리 때문입니다.

영혼들을
제도해야만 한다

우리는 주변에서 그릇된 사고방식으로 살아가는 사람들을 적지 않게 만납니다. "죽으면 그만이지. 수행이란 게 무슨 말라빠진 소리야. 세상에서 도피하기 위해 머리 깎고 사는 거 아냐!" 같은 말들이 그러합니다. 세상을 가만히 살펴보면 올바르지 않거나 나쁜 생각을 바탕으로 살아가는 사람들이 참으로 많다는 사실을 거듭거듭 생각지 않을 수 없습니다.

진정 생각은 길을 만듭니다. 마음을 구르는 수많은 생각 가운데 좋은 생각을 끌어내면 좋은 길로 가게 됩니다. 우리가 기도하자, 염불하자, 참선하자 하는 이유는 많고 많은 생각 가운데 "관세음보살, 관세음보살", "지장보살, 지장보살" 기도하면 갖가지 번뇌나 망상이 염불묘심(念佛妙心)에 녹아버리기 때문입니다. 기도 한 생각에 모든 잡념은 고개를 숙이고 좋은 생각이 피어오르고 부처님의 길을 걷게 되기 때문입니다.

참선을 할 때 쓰는 화두(話頭)의 예도 다르지 않습니다. '無', '이 뭣고'. 한 생각을 계속 끌고 나가면 잡념은 도저히 힘을 쓸 수 없습니다. 그래서 수행 정진하는 마음은 부처님 세계를 향해 나아가게 됩니다.

결코 죽으면 그만이 아닌 것이라는 사실을 명심하시기 바랍니다. 이 세상을 잘못 살다 떠나면 이곳보다 더 나쁜 세계가 기다리고 있다는 사실을 직시하시기 바랍니다.

왜 우리가 영혼의 천도를 강조할까요? 왜 49일 기도를 올릴까요? 그릇된 생각 가운데 인생을 살다 떠난 우리의 많은 조상과 형제자매들 때문입니다. 대단히 고통스런 상황 가운데 사바세계보다 더 못한 악도 가운데 처절히 비명을 울리고 있는 인연 영가(靈駕)들의 제도를 위해서입니다.

이 세상을 살아가면서 어렵고 힘겨운 상황을 만날 때 주위의 일가권속들의 도움을 받게 되면 참으로 감격스럽고 지극한 고마움을 느끼게 됩니다. 마찬가지 이치입니다. 결코 죽으면 그만이 아니기에 살아생전 바른 길을 걷지 못했던 우리의 많은 인연을 바르

게 인도한다는 것은 참으로 크나큰 공덕의 근본이 됩니다. 색즉시
공 공즉시색, 산 자와 죽은 자는 하나입니다.

우리의 주변을 살펴보십시오. 부처님 전에 나아가 정성스레 수
행하고 정진하는 우리의 일가권속들이 얼마나 됩니까? 기도와 수
행, 무슨 말라빠진 짓이냐고 호기를 부리는 사람들이 우리 주변에
적지 않은 현실이 아닌가요? 그들은 어렵지 않게 "죽으면 그만이
지." 하는 소리를 다반사로 뱉어냅니다.

'걷는 자', '일하는 자'만이 앞으로 나아갈 수 있음은
만고불변의 법칙입니다.
주저와 후퇴, 과도한 겸손은 쓸모없는 것입니다.

－「지광 스님의 영원한 광명의 길」 중에서

2부

지혜와 공덕의 성적표 따라

갈 길을 찾아간다.

저승을 공부하고 영원을 공부하는 것은

자성의 제도는 물론

보이지 않는 무량 인연령들의

제도에 크나큰 도움이 된다.

잘 사시라! 부디 잘 사시라!

그 길이 잘 떠나는 길이요,

영원으로 나아가는 길이니!

사후세계 여행기
– 명부의 재판관들

　절에 가면 명부전(冥府殿) 혹은 시왕전(十王殿)이라 불리는 전당이 있습니다. 지장보살님과 명부의 재판장들인 10대왕을 모신 곳입니다. 당연히 명부의 왕인 염라왕이 모셔져 있습니다. 염라부라고도 불립니다. 저승에 드나들었던 스베덴보리[12]도 저승에 관리들이 있다 했습니다. 저승에는 이 세상을 살고 들어온 영혼들을 검사하는 검사령(Inspector Ghost)이 있다 했습니다. 부처님 경전과 공통점입니다.

　분명 이승을 등진 다음 우리 모두 만나게 되는 저승 재판관이 있는 게 분명합니다. 경전에는 염라청이라 하고 염라대왕이라 불렀습니다. 사람이 죽은 뒤 불려가 재판을 받는 곳입니다. 우리 눈에는 보이지 않는 곳이라 해서 어두울 명(冥) 자를 씁니다. 명현양

12　스베덴보리(1688~1772) : 스웨덴 출신의 과학자이자 신학자로 『나는 영계를 보았다(I saw the spiritual world, paradise and hell)』란 영계 견문기를 써서 많은 사람에게 영향을 주었다. 저승 영계를 드나들면서 저승의 생활양태, 영혼들의 생활상 등을 소개해 많은 이들에게 영계를 소개했다. 그러나 기독교 계통에서도 이단으로 판정하는 등 많은 비난을 받았다. 괴테의 「파우스트」의 실물이라고도 전해진다.

계(冥顯兩界)라 하여 '명계'는 보고 들을 수 없는 세계인 저승[死後世界]을 말함이요, '현계'는 보이는 세계인 이승의 사바세계를 이름합니다. 사후세계 명계에는 많은 관리가 있어 명관(冥官)이라 불립니다. 그리고 눈에 보이지 않는 제천 선신들을 명중(冥衆), 신중(神衆)이라 부르기도 합니다. 명중이나 신중들이 사람들에 띄지 않게 암암리에 방편을 베풀어 산 자들을 도와주는 것을 가피, 명조(冥助), 명우(冥祐)라고 합니다. 지옥·아귀·축생의 삼악도와 구별하여 염라왕의 세계를 '명계'라고도 부릅니다. 사후세계의 행복을 명복(冥福)이라고도 부르지요.

흔히 저승행로를 황천길[黃川]이라고 부릅니다. 명계에 가는 도중에 있는 강을 삼도천(三途川)이라 하는데, 이 삼도천을 한번 건넌 사람은 다시 사바로 돌아올 수 없다 합니다. 사후 칠 일에 명부의 시왕(十王) 중 첫 번째 왕인 진광왕의 청사에 도달하게 됩니다. 그때까지 죽어서 제일 먼저 넘어야 하는 산이 있습니다. 사출산(死出山)이라 불리는 험악한 산입니다. 사망, 죽음을 낳는 산이라는 뜻입니다. 죽음의 고통을 의미한다고도 합니다.

스베덴보리의 책에도 유사한 산이 등장합니다. 죽음의 고통을 통해 체험되는 산인 듯합니다. 그 산을 넘으며 명부의 관리들에게 혹독한 곤욕을 치른다 합니다. 사출산은 설명드린 대로 고통스런 죽음을 상징하는 산이라 이해하시면 됩니다. 사출산을 고통 끝에 넘으면 삼도천을 건너야 합니다.

삼도천은 우리가 알고 있는 황천(黃川)과 같은 곳입니다. 옛 선조들 가운데도 저승에 다녀온 사람들이 있어 면면히 전해져 내려온 하천입니다. 삼도천을 삼뢰천(三瀨川)이라고도 부릅니다. 뢰란 물이 흐르는 여울을 뜻합니다. 각각 산수뢰(山水瀨), 강심연(江深淵), 유교도(有橋渡)의 세 군데 건너는 곳이 있습니다.

삼도천은 지옥, 아귀, 축생의 고통을 면해 정토(淨土)에 태어나는 일이 어렵기에 이 강을 건너기가 어렵다 했습니다. 또 사출산은 사후 여정의 첫걸음이 어렵고 힘겨워 상징적으로 죽음을 낳는 산, 사출산이라 이름했다고도 합니다. 이승을 떠나 저승에 도달할 때까지 많은 간난신고를 겪어야만 합니다. 그 같은 사실은 영원을 체험하고 영원을 얘기하는 사람들의 공통점입니다. 「티벳 사자의 서」 등에도 공통적으로 등장합니다.

흔히 49재라 불리우듯 숫자가 어떤 의미를 갖고 있는 것인가의 질문을 받습니다. 저승의 여러 법정을 칠 일마다 한 번씩 일곱 군데를 거쳐야 하기 때문입니다. 불경이라든가 죽음 체험자들을 통해 저승에서 염라왕과 같은 검사령(Inspector Ghost)을 여럿 만나야 한다는 얘기가 공통적입니다. 각 재판장을 만날 때마다 이승을 살 때의 성적표가 절대적으로 중요합니다. 생전의 삶의 성적을 정리한 인생 생활성적표를 명부 49일 동안 칠 일마다 한 번씩 일곱 번 제시해야 합니다. 우리가 외국에 나갈 때 여권을 받아야 하는 것처럼 인생 생활성적표를 제출하고 한 나라 한 나라마다 합당한 재판을 받아야만 합니다.

49재와

첫 번 재판장 진광왕의 살생죄와 서류심사

저승을 향하는 49일간의 명도 여행은 말씀드린 대로 먼저 고통스럽고 어두운 사출산 길을 통과해야 합니다. 이어 삼도천(황천)을 건너면서 일곱 군데의 재판소를 거칩니다. 이 과정을 다 마친 다음 마지막에 천상계의 문을 향해 갈 것인지, 지옥계의 문을 열어갈 것인지는 자신의 일생 성적표에 달려 있다는 사실을 명심하시기 바랍니다.

이승을 떠난 다음 만나게 되는 사출산은 험준한 산맥입니다. 800리라고 하는데 희미한 한 줄기 길이 열려 있어 그 길을 통과하면 제1법정, 최초의 재판관 진광왕을 만납니다.

진광왕은 망자가 살아생전 살생죄를 지었는가의 여부를 판단합니다. 진광왕의 심사를 받고 통행권이 주어진 사람만이 삼도천을 건너갈 수 있습니다. 삼도천에는 다리[有橋渡]가 있어 선인(善人)만이 통행권을 받습니다. 그렇지 못한 사람은 다리를 건너지 못하고 물로 들어가 강을 건너야 합니다. 두 갈래가 있는데 한 코스는 얕은 곳[山水瀨]이고 또 하나는 물살이 센 탁류[江深沿]입니다. 살아생전 저지른 악업의 질과 양에 따라 결정됩니다. 삼도천은 다리와 또 다른 두 곳 등 건너는 방법이 세 가지가 있어 삼도천이라 불렸습니다.

현세와 내세의 경계에 강이 있다는 관념은 전 세계 여러 나라에서 유사하게 전해져 옵니다. 잘 아시듯 그리스 신화에서는 '스틱스' 강이 나옵니다. 강변에는 '카론'이라는 늙은 나룻터지기가 있어 영혼을 배에 태워 강 건너로 건네준다고 합니다. 배삯은 1올로포스, 우리 돈으로 얼마인지 모르겠으나 우리에게도 삼도천을 건너는 데 배삯이 6푼이라고 합니다. 사람을 염할 때 관 속에 1푼짜리 동전 여섯 닢을 넣어주는 풍습이 있는데 6도 윤회와 관계 있는 것이 아닌가 합니다.

북유럽 신화에도 망자가 건너는 '욜'이라 불리는 강이 있습니다. 그 강에 번쩍번쩍 빛나는 금으로 깐 다리가 걸려 있습니다. 그곳에 '모트굿'이라는 아름다운 처녀가 다리를 지키고 있습니다. 인도 신화에서는 '비타라니 강'이 있어 오물로 가득 차 있다고 합니다. 나라마다 조금씩 다르지만 망자들이 건너가는 강이라는 공통점이 있습니다.

명도를 따라 진광왕을 만난 뒤 2주일째가 되면 두 번째 재판관인 초강왕을 만납니다.

두 번째 재판관
초강왕

명도 길(저승길) 2주째가 되면 삼도천을 건너 초강왕을 만납니다. 그런데 묘한 것은 진광왕을 만나 서류심사를 받고 삼도천을 건너면서 모든 옷을 벗게 됩니다. 과거를 단절한다는 의미 같습니다. 벌거숭이로 초강왕을 만나는 것입니다.

삼도천을 건너면 기다리고 있는 노인과 노파가 있는데 그들은 의령수(衣領樹)를 관장하면서 건너온 망자들의 옷을 벗깁니다. 그 옷을 의령수라는 나무에 걸치는데 옷 임자가 생전에 저지른 죄의 경중에 따라 가지가 휘어지는 특수한 나무입니다. 이와 같은 내용은 초강왕께 보내집니다. 의령수는 일종의 죄를 다는 저울 같은 역할을 합니다. 불교에도 무우수, 보리수, 사라쌍수 등처럼 나무와 관계 있는 설화 등이 있습니다.

우리는 누구나 이 세상을 살 때 눈에 보이는 육신을 가지고 있지만 그 너머에 법신이 있습니다. 법신은 마음의 세계의 몸으로 그가 살아생전 행한 말과 생각, 행동의 모든 것이 마음 가운데 어떤 형태로든 새겨진다는 것입니다.

초강왕이 의령수 가지의 휘어진 정도를 보면서 "네가 입었던 옷을 의령수 가지에 걸었더니 가지가 부러질 것처럼 휘었다 한다. 너의 생전 죄업이 너무도 지중하다. 지옥으로 보내야겠구나." 하면 망자는 자신의 죄를 변호합니다. 취미로 사냥을 했다는 등 낚시질을 했다는 등의 사정을 합니다. 그러면 초강왕은 "살생은 불교에서 금하는 제1의 계율이거늘 취미로 생명체를 죽여? 너는 지옥행이 마땅하다." 등등 판결을 내립니다.

판정에 불만을 제기하면 유예를 하고 다음 재판으로 넘깁니다. 선행이 얼마나 되는가도 검사를 합니다.

세 번째 재판관
송제왕

두 번째 초강왕의 재판을 받은 사람은 세 번째 재판관인 송제왕의 재판정으로 보내집니다. 그런데 송제왕의 재판정에는 고양이와 뱀을 볼 수 있습니다. 그들이 재판에 사용됩니다. 왜 고양이와 뱀이 등장하는지 궁금하시지요?

송제왕이 조사하는 것은 사음의 죄를 중심으로 한 죄업입니다. 사음의 죄도 여러 차원이 있습니다. 평범한 가정의 남녀들의 경우와 매음의 경우 등 여러 종류가 있습니다. 그럴 경우 고양이와 뱀이 남자와 여자의 하반부를 공격합니다. 그들의 공격을 받는 사람은 두말할 나위 없이 유죄판정을 받습니다. 명부의 고양이와 뱀은 사음의 죄를 판별하는 영감(靈感)을 지니고 있기 때문입니다.

네 번째 재판관
오관왕

송제왕의 재판을 거치면 제4법정으로 오관왕 앞으로 나아갑니다. 그곳에는 사바에도 잘 알려진 대로 죄를 다는 저울이 있습니다. 사바에서도 저울은 바로미터의 역할을 합니다. 생전의 모든 말과 생각과 행동의 거짓 여부를 판단받게 됩니다. 지옥행인가, 아귀행인가, 축생행인가 갈 곳이 정해집니다. 사람들이 완전히 놀라 자빠질 정도입니다. 저승의 법정에서는 계행의 청정 여부, 계율의 준수 여부를 철두철미하게 조사합니다. 재가자들과 출가자들이 다릅니다만 계율에 대한 투철한 의지와 성정을 점검, 조사합니다.

다섯 번째 재판관
염라왕과 업경대

제5법정은 잘 알려진 대로 염라왕의 법정입니다. 염라왕의 정확한 이름은 염마왕(閻魔王)입니다. 유명한 수정으로 된 '업경대', 또 다른 이름으로는 '정파리의 거울'이 놓여 있습니다. 이 업경대에는 생전의 모든 삶의 흐름이 한 편의 영화처럼 흘러갑니다. 생전에 저지른 크고 작은 죄들이 선명한 화면으로 차례차례 등장하면서 재판을 받게 됩니다. 전혀 변명을 할 여지가 없습니다. 잘못 거짓을 얘기했다가는 혓바닥을 뽑힐지 모른다는 두려움이 가득해 고개를 푹 숙이고 부들부들 떨기만 합니다. 염라왕이 그 큰 눈을 부릅뜨고 노려보다 입을 엽니다. "참으로 큰 죄를 지었도다. 지옥으로 보내는 도리밖에 없다. 그런데 너를 위해 너의 유족들이 기도 공양을 올릴지도 모르니 좀 더 기다려 보겠다." 합니다.

인도 신화에 따르면 염마왕은 '야마'로 불리는 지상에 내려온 인류 최초의 인간이었다 합니다. 그렇기에 죽은 자 1호라 하겠지요. 1호로 죽은 자였기에 사후세계의 왕이 될 수밖에 없었답니다.

야마는 지상에 오기 전 하늘나라에 살았다 합니다. 광음천에서 내려온 우리의 선조라 여겨집니다. 천상계의 혼란한 상황이 연출돼 혼돈 가운데 지옥세계까지도 관장하게 되었다 합니다. 생각보다 염라왕이 부드럽다고 하는데 그 이유는 천상세계에서 내려왔기 때문이라고 합니다.

여섯 번째 재판관 변성왕과
일곱 번째 재판관 태산왕

염라왕의 재판이 끝나면 여섯 번째 변성왕의 재판을 받습니다. 변성왕은 오관왕과 염라왕의 보고를 바탕으로 심사를 마친 다음 최종 판결자인 태산왕에 넘깁니다.

태산왕은 6도의 여섯 개의 문 앞에서 당사자들로 하여금 자신이 들어갈 문 하나를 선택하게 합니다. 여섯 개의 문 앞에서 자신이 선택하는 문은 스스로 지은 업보에 따라 결정될 수밖에 없습니다. 49일재가 펼쳐지는 이유는 이와 같은 경전의 가르침 따라 망자의 행로가 전개되기 때문입니다.

저승의 삼심제, 백일재, 1년기재, 삼년재를 심사하는 재판관
평등왕 도시왕 오도전륜왕

그런데 명도에는 10명의 재판관이 있습니다. 나머지 세 분은 자신이 만난 세계가 불만인 사람들에게 세 번의 기회를 더 줍니다. 망자의 명복을 위해 유족들이 기일이나 혹은 각종 재일에 불사(佛事)를 하는 등의 공덕 등 착한 일을 할 수 있도록 세 번의 기회(추선공양)를 더 주는 것입니다.

100일째 되는 날에는 평등왕, 1주년이 되는 날에는 도시왕, 3주년이 되는 날에는 오도전륜왕이 재심을 합니다. 이때 유족들이 기도하고 추선공양을 지으면 악도에서 구출해 줄 수 있다고 합니다. 제1의 재판장으로부터 제10의 재판장까지는 각각 ① 부동명왕 ② 석가여래 ③ 문수보살 ④ 보현보살 ⑤ 지장보살 ⑥ 미륵보살 ⑦ 약사여래 ⑧ 관음보살 ⑨ 세지보살 ⑩ 아미타여래의 분신들이라 합니다.

이와 같은 재판이 끝나면 지옥, 아귀, 축생, 아수라, 인간, 천상의 6도 중 하나를 찾아 제 갈 길을 가게 됩니다. 그곳에 가서 또다시 태어나는 상황은 각각의 업에 따라 세분화된 상황이 결정됩니다. 어느 별, 어느 나라, 어느 종족, 어느 가정 등이 결정됩니다. 사과나무에 사과가 열리고 배나무에 배가 열리듯, 지은 바 업에 따라 태어나는 별 그리고 나라, 종족, 만나게 되는 부모가 모두 자비와 지혜의 공덕에 따라 정확히 결정됩니다. 결코 한 치의 어긋남 없이 명백한 죄와 복이 판결에 따라 차례차례 전개된다고 합니다.

오차나 오류가 있을 수 없다고 하는 것이 경전의 가르침입니다. 순간순간의 나의 말, 생각, 행동 등이 모두 기록이 되고 찍혀

져 재판의 자료가 되기 때문에 삶의 순간순간마다에 진정한 수행자적인 자세, 자리이타의 보살의 마음과 행이 절실합니다.

　스스로와 상대방 그리고 산 자와 죽은 자들 모두 나의 분신이요, 나와 하나라는 정성스러운 마음이 중요하다는 사실을 골수 깊숙이 아로새겨야 할 것입니다. 인생은 찰나이며 언제 어떻게 끝날지 모릅니다. 진정한 의미의 영원을 항상 생각하고 과거, 현재, 미래가 하나요, 나와 남이 하나라는 생각이 삶을 관통하는 수행자 되시기를 앙망합니다. 간절히 기도 드립니다.

영혼의 등급이 높아질수록
누가 나에게 공격을 해와도 "이것은 내 탓이야." 하면서
만상에 대해 담대해지고
감사한 마음을 낼 수가 있습니다.
지금 내 영혼의 등급은 얼마나 될까요?

－「지광 스님의 영원한 광명의 길」 중에서

허공은 영원의 생명이요, 부처님이요, 마음이다

"법신은 허공과 같아 장애도 없고 차별도 없다. 허공을 몸으로 하시는 부처님께서는 생하는 일도 멸하는 일도 없다. 부처님께서는 끝없고 막힘없는 눈이 있어 온갖 사물을 온통 꿰뚫어 보신다. 허공인 부처님께서는 끝없고 막힘없는 귀가 있어 온갖 소리를 다 듣고 계신다. 허공인 부처님께서는 끝없고 막힘없는 코가 있어 모든 향을 다 알아차리신다. 허공인 부처님께서는 큰 혀가 있어 미묘한 음성을 내어 법계에 두루 미치게 하신다. 허공인 부처님께서는 영원한 몸이 있어 중생의 마음에 의해 뵈올 수 있게 하신다. 허공인 부처님께서는 끝없는 생각이 있어 무애평등한 법신으로 계신다. 법신불은 허공과 같아 생멸이 없다. 곳곳마다에서 중생을 교화하시되 마치 물속의 달과 같다. 태어남도 아니요, 사라짐도 아니요, 태어났으되 태어난 적이 없고 입멸하였으되 입멸하신 적이 없으니 본마음 자리로 돌아가면 법신불과 하나가 된다." (화엄경)

허공을 부처님이라 하니까 이해를 못하시는 분들이 있습니다. 이렇게 생각해 보겠습니다. 여러 번 말씀드린 대로 우리의 생명은 호흡에 달려 있습니다. 부정할 사람 있나요? 호흡은 허공을 마시는 것입니다. 결과적으로 우리의 생명은 허공입니다. 허공이 부처라 했으니 우리의 생명은 부처입니다. 공식입니다. 만약 어떤 사람이 있어 "네 생명과 내가 가진 다이아몬드 한 트럭과 바꾸자." 하면 바꾸시겠습니까?

내 생명을 억천만금과 바꾸시겠습니까? 나의 생명은 얼마만한 가치를 지닐까요? 참으로 무한한 가치를 지닌 나의 생명입니다. 나의 생명이 곧 부처요, 허공이라 한다면 허공의 가치와 고마움을 어떻게 표현하시겠습니까? 허공은 부처님의 몸이요, 마음이라 했습니다. 호흡이 없으면 우리는 죽습니다. 진정 부처님이신 허공의 감사함과 은혜로움을 느끼시나요? 항상 허공이 부처님이요, 감사함 그 자체라는 사실을 절감하시고 하늘에 대한, 허공에 대한 감사의 기도를 올리는 삶이 되어야 합니다.

우리는 낮에는 눈, 귀, 코, 혀, 몸을 가동하며 삽니다. 호흡을 느낍니다. 그런데 잠이 들면 육신이 가동을 멈춥니다. 호흡을 느끼지 못합니다. 호흡을 잊습니다. 호흡을 느끼지 못한다는 사실을 가만히 생각해 보세요. 낮에는 호흡을 느끼며 시간과 공간의 현실 속을 삽니다. 호흡을 느끼지 못한다는 사실은 호흡과 하나가 된 것이고 허공과 하나된 것입니다.

부처님께서는 "너희들은 잠을 자면서 죽음을 배운다." 하셨습니다. 호흡과 하나가 된다는 것, 호흡을 잊는다는 것은 허공이 되는 것입니다. 전혀 차원이 다른 세상으로 넘어간 것입니다. 현실

너머의 세상, 죽음의 세계, 영원의 세계에 들어선 것입니다. 진정 잠을 자면서 죽음을 배우는 것입니다. 잠 자듯이 죽는 것이고 잠과 꿈속에서 죽은 자들을 만나고 저승을 만나는 것입니다. 참선 중에 호흡을 주시하다 보면 호흡을 잊습니다. 그래서 잠이 오고 다른 세상으로 넘어가기도 합니다. 죽은 자들을 만나고 영원을 만납니다. 미래를 만납니다. 시공을 초월합니다.

마음은 위대한 힘을 가졌으므로
내 마음을 황금으로 만들면 어디에 있어도
그곳은 황금이 됩니다.
내 마음을 극락으로 장엄하면
내가 있는 곳은 어디나 극락입니다.

― 「지광 스님의 영원한 광명의 길」 중에서

마음과 우주는 하나다
-명부재판이 끝난 후의 세계

마음이 자신의
우주를 결정짓는다

"마음이 몸에 머물지 아니하며 몸이 마음에 머물지 아니하되 만물을 짓나니 그 어느 것에도 비교가 되지 않는 참으로 자재한 힘이 있다. 만일 삼세의 일체 부처님을 알고자 할진댄 응당히 법계 근본성품인 마음이 만상을 지은 줄 생각하여 살필지어다."

『화엄경』에 나오는 가르침입니다. 마음이 만상을 짓는 것이니 마음과 몸은 둘이 아닙니다. 불교를 흔히 마음과 몸을 둘로 나누는 이원론이 아니냐고 생각하는 분이 있습니다. "마음이 몸에 머물지 아니하고 몸이 마음에 머물지 아니한다." 하니까 그렇게 생각할 만도 합니다. 그러나 아인슈타인(1879~1955)의 얘기같이 "에너지가 뭉쳐지면 질량이 되고 질량이 해체되면 에너지가 된다($E=mc^2$)."는 상대성 이론을 생각하면 이해가 빠르실 것입니다. 마음은 허공이요, 에너지의 차원인데 모든 것을 만들 수 있는 지혜와 자비를 지닌 힘이라고나 할까요?

마음을 깨달은 사람을 부처라 하니까 마음을 무한한 존재요, 무상심심하고 미묘한 존재라 이해하면 어떻겠습니까? 실제 『화엄경』의 또 다른 부분에서는 "마음은 화가와도 같아 삼라만상을 그린다. 오온[인간의 몸뿐만 아니라 삼라만상을 의미하는 불교적 용어로 色·受·想·行·識(물질·감각·지각·반응·정보)의 모든 것을 의미]도 마음 따라 생겨나니 마음 떠난 육신은 갈 곳이 없네. 부처도 마음이요, 중생도 마음이니 화가와도 같은 마음을 알기만 하면 마음과 부처, 중생이 모두 하나라네."라고 말씀하시면서 마음의 무한한 창조성을 가르치셨습니다.

　그밖에도 기회 있을 때마다 수도 없이 마음의 창조성과 위대성을 강조하셨습니다. 그저 이해하기 쉽게 '마음이 부처'라 생각하면 되겠습니다. 온갖 것이 마음의 나타남입니다. 그러나 이 뜻이 너무도 심원하여 무명의 어리석은 사람들로서는 제대로 깨닫지 못하는 까닭에 진실을 보지 못합니다. 죽음의 세계로의 유람을 떠나면서 이렇게 마음에 대해 누누이 설명을 드리는 이유는 지옥·아귀·축생·아수라·인간·천상 등 삼계육도가 모두 마음 따라 전개되기 때문입니다.

　"마음이 청정한 까닭에 세계가 청정해지며 마음이 탁한 까닭에 세계가 탁해진다. 마음이 지옥을 만들고 축생을 만들고 천인을 만든다. 모든 것은 마음이 짓는다. 마음을 조절하여 깨달음을 이루는 사람은 그 힘이 가장 크다." 하셨습니다. 모두가 마음입니다. 그래서 마음을 잘 써야만 합니다. 그러면 삼계육도 유람을 떠납니다.

불경과 티벳 사자의 서, 스베덴보리의 영계 견문기의 저승 비교는 표현만 다르다. 유사하다

중음계, 정령계의 내용은
동서양이 같다

죽음을 체험한 사람들의 저승행로 얘기는 『티벳 사자(死者)의 서』에 비교적 자세히 기술돼 있습니다. 서양에서는 괴테 『파우스트』의 모델이라 불리는 스베덴보리(1688~1772)의 글들이 많이 소개되고 있습니다. 부처님의 경전과 큰 차이는 없으나 좀 더 사람들에게 친근하고 이해가 쉬운 현대적 언어로 설명돼 있다는 것이 특징입니다. 저승의 진광왕, 초강왕, 염라왕 등을 저승의 검사령, 저승사자를 안내령들로 표현한 것이 좀 더 친근하게 느껴집니다.

사출산 등도 등장하나 그저 엄청난 산 정도로 묘사하고 있습니다. 체험하지 못한 사람들에게는 이름이 중요한 것이 아니라 "공통적인 내용이 있구나." 정도로 이해하면 됩니다. 삼도천 등도 그저 바다와 가까운 강이라 표현하고 있습니다. 동서양을 막론하고 가는 곳은 같습니다.

죽음은 영혼 이탈입니다. 수월한 경우도 있고 괴롭고 어려운 경우도 있습니다. 그 차이는 그 사람의 살아생전 사바에 대한 애착의 차이로 이해됩니다. 죽음을 쉽게 자각하는 사람과 그렇지 못한 사람 역시, 살아생전 얼마나 저승에 대한 공부가 되어 있는가의 차이로 보면 될 것입니다. 사고로 죽은 경우, 또는 전사자들 역시 죽음을 받아들일 준비가 되어 있지 않은 상태입니다. 저 세상으로 급작스레 가기에 죽음에 대한 자각이 제대로 될 리 없습니다. 자각할 때까지 상당시간이 걸립니다.

죽음을 수용하지 못할 경우, 이승과 저승의 경계선에서 방황할 수밖에 없습니다. 『티벳 사자의 서』는 티벳 수천 년 역사의 보전(寶典)으로 죽음과 저승관계에 있어 세계적인 평가를 얻고 있는 내용입니다.

세상을 떠난 사자(死者)들이 체험하는 갖가지 내용들은 우선 인간의 감각기관을 초월하는 세계로의 진입이기 때문에 공포와 불안감 가운데 제대로 파악되기가 어렵습니다. 육체적 감각이 대단히 예민한 영적 감각으로의 승화이기에 귀가 터질 것 같은 불유쾌한 연속음 이상입니다. 이탈 과정이 끝나면 조금 높은 허공에서 자신의 시체를 둘러싸고 있는 가족들이 보입니다.

두려웠던 시간들은 영혼 이탈 과정에서 체험되는 것으로, 허공에서 바라보는 동안 비탄에 잠겨 있는 가족들의 마음이 모두 손에 잡힐 듯 느껴집니다. 죽었음에도 모든 상황을 낱낱이 압니다. 그러나 "내가 여기 있다." 외쳐도 가족들은 모릅니다. 그들에게 들리지도 않을 뿐만 아니라 보이지도 않습니다.

그때 참으로 놀라운, 형언하기 어려운 빛을 만나게 됩니다. 불교 경전에서 말하고 있는 해탈의 기회가 주어집니다. 이제까지의 공포, 두려움이 사라지고 안심과 행복감이 마음 가득히 스며듭니다. 이때 사바의 인연 중생들에 대한 애착을 끊고 떠나야 합니다. 발광체는 더욱 빛이 강해지고 자신이 사랑에 감싸여 있음을 느낍니다.

저승의 재판장들로 불경에 등장하는 존재들이 『티벳 사자의 서』, 스베덴보리의 『영계 견문기』 등에 공통적으로 등장합니다. 그들은 우리에 대해 모든 것을 알고 있습니다. 죽은 뒤 중음계로 갈 때까지 약 50일 걸린다는 내용도 불경과 같습니다. 이승과 저승의 중간쯤에 해당하는 중음계에 도달합니다. 정령계로도 불리며 이승과 저승의 과도기적인 단계입니다. 자기가 살던 곳의 상공이라 느끼기도 합니다. 중음계는 인간계와 대단히 흡사합니다. 이곳에서 가장 자기다운 면모가 드러납니다. 선인이면 선인, 악인이면 악인으로 드러납니다. 순수함 그 자체가 된다고 보면 됩니다. 영계로 가기 위한 모든 준비 과정, 재판 과정 등의 유사한 단계를 거칩니다.

중음계는 자신이 갈 곳을 정하기 전 대합실 같은 곳으로 보면 이해가 빠르겠습니다. 중음계에 어느 정도 있게 되면 선배격 영이라 불리는 존재들이 업경대를 만나게 합니다. 불경에서 말하는 내용과 같습니다. 태어났을 때부터의 모든 인생, 그대가 바라고 있던 상념까지도 낱낱이 드러납니다.

이 같은 과정은 영혼으로서의 구분을 정확히 하기 위해서입니다. 어떤 사람이라도 그 정확성에 몸둘 바를 모릅니다. 그들의 죄가 적나라하게 드러남에 그저 기절초풍하게 됩니다. 인간계의 그 누가 죄로부터 자유로울까요?

영계의 생활상도
유사하다

인간계에 태어난 목적이 본인의 성격의 수정 그리고 전생에 저지른 악행에 대한 업장소멸 등인데 그를 제대로 달성하지 못한 경우 다시 이승으로 보내집니다. 『티벳 사자의 서』와 불경이 일치합니다. 윤회의 개념입니다. 스베덴보리의 책에는 기독교적인 개념이기에 그 같은 내용이 없습니다. 마라톤의 주자가 녹초가 되어 간신히 골 라인에 들어온 다음 다시 출발점으로 되돌아가는 것과 유사하다고나 할까요? 인간계로 다시 돌아오는 것이 어렵다고 하는 가르침이 있습니다. 이 단계까지 온 자들은 다시 돌아가지 않으려 합니다.

영국 옥스퍼드대학의 에반스 웬츠(1878~1965)[13] 박사는 업경대에 대해 "스크린에 투영되는 이미지를 어린이가 감탄하며 바라보고 있는 것처럼 죽은 자들은 살아생전 자신이 의식 속에 찍어두었

---

13 에반스 웬츠 : 영국 옥스퍼드 종교학 교수 출신으로 티벳불교 연구의 전문가.『티벳 사자의 서』,『밀라레빠』등 티벳불교의 정수들을 소개해 이름을 얻었다.

던 것을 낱낱이 보게 된다."고 설명합니다.

중음계에서는 인간계에 있을 때 부부였던 자나 인연 중생들을 만나는 경우도 있습니다. 어느 쪽에서건 만나고 싶다 염원하면 재회하는 수가 있습니다. 만날 경우 증오하는 사이라면 흡사 총탄으로 상대방을 쏘는 것처럼 고통을 느끼게 됩니다. 잉꼬부부라 불렸더라도 두 사람 사이의 속마음이 적나라하게 드러나게 됩니다. 증오, 질시 등이 체면 때문에 숨겨져 있다 드러납니다. 교통사고로 가족이 한꺼번에 죽은 경우 시간이 흐름에 따라 가족들의 모습이 달라지며 흩어져 갑니다.

중음계에서는 결코 숨길 수 있는 게 없습니다. 모든 가면이 벗겨집니다. 진실하고 솔직한 인간이 중음계를 빨리 떠나게 됩니다. 중음계에서는 불구가 없습니다. 나이와 상관없이 20세 안팎으로 보입니다. 백 세에 죽었다 해도 마찬가지입니다.

영계로 흩어지면 각기 자신이 지은 업 따라 살게 됩니다. 아무리 가족이라도 만나기 어렵습니다. 중음계는 음욕이 강해져 간단하게 이루어지나 시간이 흐름에 따라 그와 같은 탐욕 등이 무서운 싫증과 지겨움이 됩니다. 너무도 간단히 충족되기에 상대방이 놓아 주지 않을 경우 점차 고뇌에 빠지게 됩니다. 싫증과 권태 그리고 짜증과 불만으로 고통스럽습니다. 그러다가 중음계를 떠나게 되는 시점이 옵니다. 그 시기는 예고 없이 옵니다. 그때 불경에 등장하는 사출산이 갑자기 엄청난 힘으로 돌진해 옵니다.

거대한 산, 사출산이 해일처럼, 그보다 훨씬 빨리 덮쳐 누르는 듯한 상황을 상상해 보십시오. 기절해 버립니다. 도망칠 수도 없이 얼어버립니다. 하늘에 닿을 듯 연이은 산이 엄청난 소리와 함께 정상으로부터 맨밑까지 둘로 갈라지는 상황을 상상해 보십시오. 도저히 표현할 수 없는 상황을 만납니다. 그 어마어마한 높이의 산이 갈라진 곳으로 빨려듭니다. 이곳에서 불경에 등장하는 삼도천을 저승 관계의 책들이 동시에 공통적으로 얘기하고 있습니다.

비행기가 이륙한 것처럼 망망한 수면 위를 날기 시작합니다. 그 속도는 상상을 절합니다. 그 비행을 통해 영계에 도달합니다. 붉은 갈색의 사막과 같은 느낌이 드는 광활한 세계, 아득한 저편에서 약한 빛을 비추는 태양과 같은 것이 그대 가슴 높이에서 빛나고 있습니다. 이 태양은 그대가 어떤 방향을 향해도 항상 그대 얼굴 정면 가슴 높이에서 움직이지 않습니다. 감동입니다. 죽음 직후 만났던 발광체 빛에 감싸여 눈물 흘렸던 때의 감격, 그때의 몇천 배나 되는 즐거움과 안도감으로 큰 소리로 울부짖습니다.

그대의 부르짖음에 응답하듯 아득한 저편에서 그대 이름을 부를 것입니다. 까마득한 곳에서 불렀다 생각했는데 정신을 차리고 보니 그대 곁에 이미 누군가가 와 있습니다. 그대를 인도할 영계의 안내자입니다. 둘이 영계의 태양을 향해 걸어갑니다.

불교에서 대일여래(大日如來) 비로자나 진법신이라고도 부르는 광명여래와 영계의 태양이 동일한 것인지 확언할 수는 없습니다. 그러나 스베덴보리의 글에 보면 "영계 전체에 자연계의 태양과 같이 빛과 열을 주어 영계 주민들의 생명을 유지케 할 뿐만 아니라 영류(靈流)라고 하는 특별한 에너지 흐름을 전 영계에 방사하고 있다."는 내용을 보면 비로자나불과 같다고 판단됩니다.

도저히 설명 불가하지만 아득히 저 먼 곳에 몇만 미터 높이의 얼음산 봉우리들이 연이어 솟아 있습니다. 인간세계의 상상을 벗어난 세계입니다. 찬연한 빛의 세계가 펼쳐지고 불그스름한 갈색 모양의 세계에 자연계의 푸르름이 가득하고 계곡과 개울, 구름 사이에 인간계와 같은 수많은 마을이 띄엄띄엄 퍼져 있습니다. 50호에서 500호 정도의 단위로 영계 사람들이 살고 있습니다. 무량한 마을 가운데 영계 안내인의 안내에 따라 자기 마을로 확정된 장소로 곧바로 돌아갑니다. 당신의 마을에 사는 사람들이 한 사람도 빠지지 않고 나와 귀환한 당신을 환영하며 마중합니다. 고향에 돌아온 것과 같은 느낌입니다.

그 마을 사람들은 하나같이 그대와 꼭 닮았습니다. 성격, 취미, 기호 등이 그대와 똑같습니다. 모두가 그대의 분신입니다. 마을 사람들끼리의 친숙함은 부모 자식의 그것과는 비교가 되지 않습니다. 영계의 마을들은 모두가 원형으로 배치되어 있고 중앙에 영력이 강한 촌장이 살고 있습니다. 집이 주어지고 영계의 생활을 시작하게 됩니다. 집은 놀라울 만큼 단순합니다. 부엌도 없고 다락도 화장실도 없고 일체 가구류도 없습니다. 영계에서는 인간계처럼 먹거나 마시는 행위가 없습니다. 그렇기에 화장실도 필요없습니다.

간편한 옷은 더러워지지도 찢어지는 일도 없습니다. 그들은 그래도 매우 바쁩니다. 의식주의 걱정이 없으므로 평소 좋아하는 일에 전념합니다. 그들은 선의의 덩어리 그 자체입니다. 근로와 봉사정신 그 자체입니다. 자타의 구별이 없으므로 타인의 고통은 나의 고통입니다. 영계에는 어떤 일에도 반대자가 없습니다. 완전한 협력이 이루어집니다. 모든 천재적 재능은 화가든 음악가든 영계에 그 뿌리를 두고 있습니다. 세계적인 화가, 음악가는 모두 영계에서 좋아하던 것을 연마한 재능이 인간세계에 표출된 것입니다. 세 살짜리가 무엇을 안다고 작곡을 할까요?

인간세상의 리더 역시 영계 마을의 촌장이었던 경우라 보면 틀림없습니다. 영계 마을의 촌장은 그 위력이 상상을 뛰어넘습니다. 영계에 악령들이 침투하면 촌장이 엄청난 위신력으로 모두 쫓아냅니다. 촌장은 자기 마을의 영인들이 다시 인간계에 태어나야 할 때 그들을 즐거운 마음으로 배웅합니다. 그 영인들이 영계에 관한 것을 잊어버리게 하기 위한 의식을 베풉니다. 다시 태어나서의 고통을 완화시키기 위해서입니다. 그가 인간계에서 수행을 하는 과정을 유리하게 하기 위해서입니다.

태어나는 데 매우 고통스러운 상황을 이겨내고 그 기억을 지닌 채 태어나는 사람들이 있습니다. 신계에서 받은 사명을 망각하지 않기 위해, 인간계 전체의 구제를 위해서입니다. 예수나 부처도 그에 해당합니다.

고차원의 영계 천계는
상상할 수 없는 빛의 충만함 속에 살고 있다

죽으면 그만이라 생각한 사람은 자신에 대한 진정한 사랑이나 순수한 사랑이 충만하지 않으므로 고차원의 영류를 이겨낼 수 없습니다. 고차원 천계의 밝기는 그만큼의 밝음을 감당할 수 없는 사람은 갈 수가 없습니다.

인간계에 있을 때부터 사랑을 생활화한 사람, 사랑을 널리 베풀고 미워함, 질투, 증오 등의 감정을 멀리 떠나 자연스럽게 사랑을 펼쳐온 사람만 갈 수 있습니다. 이러한 사람이 아니고서는 그 강력한 빛과 홍수와 같은 영류를 받아들일 수가 없습니다.

고차원 천계에도 영계와 같이 무수한 마을이 있습니다. 다만 영계층보다 규모가 큽니다. 사랑의 충만함이 넘쳐 있는 곳입니다. 영계 전체, 천계 전체는 시간과 공간이 없습니다. 일순간에 가고자 하는 곳으로 갑니다.

고차원 천계의 황홀한 향기는 각양각색의 꽃이 향기를 뿜기 때문입니다. 도저히 천계의 꽃의 아름다움과 향기를 설명할 수가 없습니다. 천계의 대궁전은 도저히 그 아름다움을 상상할 수 없습니다. 펼쳐진 정원은 황금과 은빛 나는 과일들이 한없이 열려 있습니다. 아름다운 음악이 울려 퍼지며 충만한 광명 속에서 생활합니다.

참고문헌

_ 『정법염처경』①, ②, ③권

_ 『티벳 사자의 서』(바르도 퇴돌, 바르도에서의 49일 간의 체험), 에반스 웬츠 편

_ 『천국과 지옥』, 스베덴보리, 강흥수 역

_ 그 외 수십 종

후기

산 자 죽은 자 모두가 잘돼야 내가 잘된다

업(業) 따라 이 별 저 별을
넘나든다

생로병사(生老病死), 생주이멸(生住異滅), 성주괴공(成住壞空), 생본사중(生本死中). 생로병사는 육신의 변화 양상을 가르칩니다. 태어나고 늙고 병들고 죽어간다는 인생 불멸의 진리입니다. 생주이멸은 생각의 세계, 정신세계의 변화를 설명한다고 하겠습니다. 생각은 생겨나서 잠시 머물다 변화되면서 사라져 갑니다. 우주의 순환을 설명하는 성주괴공은 성겁·주겁·공겁·괴겁을 가르치는 내용입니다. 우주만유는 생성되어져(성겁) 머물다(주겁) 수명이 다하면 파괴되어(괴겁) 허공으로(공겁) 돌아갑니다. 생본사중(生本死中)은 태어나는 순간을 생유(生有)라 하고 일생을 본유(本有), 죽는 순간을 사유(死有), 죽어서 다시 태어날 때까지의 기간을 중유(中有)라 부릅니다. 윤회를 인정하는 불교이기에 4유(四有)가 성립하지요.

우리의 일생, 그리고 생각의 메커니즘, 우주의 생성, 소멸 그리고 태어나 살다 죽어 다시 태어나는 4유(有)의 내용 등을 설명하는 가르침은 모두가 끝없는 순환을 얘기합니다. 모두가 돈다는 것입니다. 돌면서 앞으로 나아간다는 것이죠. 하늘에 떠있는 무량한 별들 역시 모두가 도는 것이고 무량한 은하계 우주 등도 모두가 돌고 있습니다. 한결같이 우리 인생처럼 태어나고 늙어가며 병들고 죽어갑니다. 죽으면 또다시 태어납니다.

한 번 돌고 끝나는 것이 아닙니다. 영원이 되는 그날까지 순환합니다. 윤회의 수레바퀴를 돌리는 동력은 업력(業力)입니다. 그 업력이 다하는 날까지, 성불하는 그날까지 계속 돕니다. 인과응보의 법칙이 그 근본입니다. 많이 등장하는 가르침인 작용 반작용의 법칙 따라 주고 받으면서 끝없이 돌며 무량한 별나라를 이 별 저 별 넘나듭니다. 무량한 별나라를 우리 모두는 끊임없이 업따라 찾아다닙니다. "사과나무에 사과가 열리고 배나무에 배가 열리는 것처럼 지은 바 업(業)이 다르기에 태어나는 별이 다르고 나라가 다르고 종족이 다르고 부모가 다르다."는 것입니다.

실천해 나가다 보면
저절로 알게 된다

"선혜보살은 연등불의 수기를 받은 후에도 보살의 행원력으로 이 곳에서 몸을 버리고 저 곳에 몸을 받아 나기를 수없이 거듭하여 한량없는 중생들의 구제처가 되었다. 이 선근공덕으로 때로는 사천왕천, 도리천, 야마천, 도솔천의 왕이 되어 하늘 사람들을 교화하였으며 범중천, 범보천, 대범천의 왕이 되어 그 하늘 사람들을 교화하였다. 다시 인간세상으로 내려와 국왕, 대신, 사문, 장자, 거사가 되어 널리 백성들을 이익되게 하고 교화하였으며, 어떤 때는 전륜성왕이 되어 온갖 적을 항복시키며 열 가지 선으로 백성들을 교화하였다. 이렇게 보살도를 닦아 나중에는 보살 최후의 지위인 십지(十地)에 올라 부처님 후보자인 보처보살(補處菩薩)이 되어 도솔천에 몸을 받아 나시게 되었다. 도솔천에 4천 년을 계시는 동안 모든 하늘 인간들을 위해 설법 교화하여 무량 중생들을 제도하시었다."

부처님의 수행의 역정을 살펴보면 우리 모두 어떤 길을 갈 것인가 미루어 짐작하기 어렵지 않습니다. 태어나고 늙고 병들고 죽어가며 우리 모두는 무량한 하늘나라를 무대로 지은 업 따라, 공덕 따라, 지혜 따라 이사를 다니며 성불의 길을 향해 갑니다.

사람들과 얘기하다 보면 "정말 천당이 있습니까, 진짜로 지옥이 있나요?" 이렇게 묻는 분들이 많이 있습니다. 그런 분들께 말씀드립니다. "위대한 성자들이 말씀하신 내용이 우리를 혹세무민하려 하신 걸까요? 천당, 지옥이 있는가, 없는가를 따지기 전에 한번 말씀하신 대로 가르침을 실천해 보세요. 가르침을 실천해 나가다 보면 차를 타고 달리는 경우와도 같이 장면이 바뀌고 상황이 바뀌지 않습니까? 자꾸만 가르침을 실천해 나가다 보면 스스로 자신이 체험하는 장면이 달라지면서 믿지 않을 수 없게 됩니다.

투철한 신심이 강화되고 마음 가운데 점차 부처님 나라가 열려 옴을 스스로 느끼게 됩니다."고 말씀드립니다. 이거다, 저거다 따지지 마시고 부처님 말씀, 성자들의 말씀 따라 실천하며 나아가는 것입니다. 끝없이, 끊임없이 실천해 나가다 보면 저절로 알게 될 것입니다.

아틀란티스는
허구인가?

개인의 경우와 마찬가지로 나라도 생겨나 점차 쇠락하고 병들고 무너집니다. 익히 알고 있다시피 나라도 창건자들은 오래가고 천년만년 번영되기를 기원하지만 그렇지 못한 게 동서양을 막론하고 공통된 역사입니다. 천 년을 갔던 신라도 있고 태양이 지지 않는 나라로 일컬어지는 영국도 수많은 피를 흘렸습니다. 로마도 마찬가지입니다. 역사철학자 토인비(1889~1975)의 말대로 나라 역시 생성 소멸의 길을 가야만 합니다.

그런데 문명은 어떠할까요. 세계문화사를 통해 주지하다시피 우리가 살고 있는 현대문명의 발원은 황하문명, 티그리스·유프라테스, 나일강, 인더스강·갠지스강의 4대 문명입니다. 어린시절 배웠듯 현대문명의 4대 주축입니다.

부처님께서는 한 문명에 부처님이 한 분씩 오시고 이 문명이 스러지면 석가모니 부처님이 계시던 도솔천 내원궁에서 부처 수업을 받고 있는 미륵(Maitreya) 부처님이 내려와 용화세계를 건설한다 하셨습니다. "내가 이 땅 사바에 오기 전, 이 땅에 계시던 부처님은 카샤파(가섭)인데 무량세월 수행을 거친 끝에야 비로소 가섭 부처님을 만나 공행(功行)과 원행(願行)이 구족했다." 하셨습니다.

우리가 흔히 아틀란티스 문명 등 과거의 선차문명들을 얘기하는데 대개의 사람들은 이것을 환상적인 얘기라 일축합니다. 그런데 지구의 역사는 백억 년이 지났다 합니다. 백억 년 세월 가운데 우리가 아는 문명은 단지 우리의 4대 문명뿐입니다. 참으로 이해 못할 일이 아닌가요? 우리의 전생과도 같이 깜깜합니다.

앞서 언급한 미국의 에드가 케이시는 『에드가 케이시의 아틀란티스(Edgar Cacey On Atlantis)』란 책을 써서 많은 관심을 끌었던 인물입니다. 에드가 케이시는 특히 전생을 읽어 현생의 갖가지 질병과 고통의 원인을 설명한 것으로 유명합니다.

몇 가지만 소개해 보면 전생에 화학자였던 사람이 심한 알레르기로 고생을 한다든지, 전생에 권력을 잡는 과정에서 많은 사람의 피를 흘린 사람의 경우 금생에 빈혈증으로 고생하는 등 수많은 질병을 인과응보의 차원으로 얘기했습니다. 여러 군데 그에 관한 수많은 사연이 등장합니다.

『에드가 케이시의 아틀란티스』에 보면 대서양에 거대한 대륙 아틀란티스가 있었습니다. 1만2천 년 전 지구의 대재앙으로 인한 지축이동 때문에 대서양 밑으로 가라앉았다 합니다. 아틀란티스의 실재를 믿었던 사람은 플라톤(BC429~347) 등 많은 사람이 있었습니다. 에드가 케이시는 현재 미국에 아틀란티스에 살던 사람들이 많이 태어났다 했습니다. "전설 같은 얘기인 노아의 방주라든지 북미, 중미, 남미의 130여 인디오 부족들에 전해지고 있는 대홍수 전설 등이 그를 대변해 주고 있다."고 주장하는 영국의 유명한 사회인류학자 프레이저(J.G Fraizer 1884~1941)도 있습니다.

부처님께서 말씀하신 카샤파 부처님은 가섭 부처님으로 아틀란티스 시대의 부처님으로 생각할 수 있는 점들이 남아 있습니다. 경주 황룡사에 '가섭불 연좌석'이라는 유적이 있는데 과거 선차문명 당시 가섭불이 신라 경주에 오셨던 것이 아닌가 추정을 하고 있습니다. 신라는 과거 선차문명 당시에도 불교와 인연이 있었나 봅니다. 가섭불을 만나고 난 뒤 모든 수행을 완성하고 석가모니불로 이 땅에 오셨다는 사실을 부처님 말씀과 경전을 통해 알 수 있습니다.

우주의 별도
사라지고 다시 생겨난다

이처럼 문명도 생겨나서 머물다 사라지고 사람의 일생과 같이 또다른 문명이 일어납니다. 한 문명이 스러지기 전 갖가지 말기적 증상을 드러냅니다. 인생의 타락으로 세상이 너무 탁해지면서 악세가 열리는 것입니다. 오탁악세라 하는 것이 바로 그것입니다. 코로나 바이러스 등이 그 같은 양상을 대변해 줍니다. 오탁악세란

겁탁, 견탁, 번뇌탁, 중생탁, 명탁 등 세상이 탁해지는 다섯 가지 경우를 말합니다.

겁탁이란 세상과 시대가 탁해진다는 뜻입니다. 견탁은 중생의 지견이 탁해진다는 뜻입니다. 번뇌탁은 삼독심인 번뇌가 많아져 세상이 탁해진다는 뜻입니다. 중생탁은 중생들의 성정이 점점 더 탁해진다는 뜻입니다. 명탁은 세상이 탁해져 중생들의 수명에 점점 문제가 생긴다는 의미입니다. 갖가지 질병의 더러움과 탁함으로 건강 이상이 생기고 수명에 이상이 생긴다는 뜻입니다.

에볼라바이러스, 지카바이러스, 에이즈바이러스, 코로나바이러스 등등 외우기도 힘든 바이러스 질환으로 사람들이 속절없이 쓰러져 가고 있는 현실과 맥을 같이하는 것은 아닌지 많은 사람이 마스크를 쓰고 불안하고 두려움에 떨고 있습니다.

거듭 언급한 대로 개인이나 나라나 문명이나 모두 생겨나서는 일정 기간 존속되다가 말기 증상을 보이며 스러져 갑니다. 그러면 또 다시 새로운 기운이 절실하게 태동하고 새로운 세계가 열립니다. 개인은 죽어 업 따라 제 갈 길을 찾아 또다시 태어나고 나라도 새로운 나라가 창건됩니다. 문명 역시 4대 문명의 발상과 더불어 중생제도를 위해 앞서거니 뒤서거니 성자라 불리는 인물들이 양의 동서에 등장합니다. BC 6세기 무렵을 '축의 시대'라 부르는 예가 그것입니다. 석가모니 부처님의 시대에 공·맹·노·장이 등장했고, 소크라테스, 플라톤, 아리스토텔레스 등이 태어났습니다.

지구라는 별은 부처님 말씀대로 저 먼 별나라 외계인의 식민지 역할을 했던 곳입니다. 광활한 우주의 무량한 별들의 세계는 모두가 성불의 길로 나아가도록 교육시키는 훈련장 내지 학교의 역할을 담당하는 곳입니다.

개인이나 나라, 문명의 성·주·괴·공뿐만 아니라 우주의 무량한 별들 역시 때가 되면 수명이 다해 소멸되어 허공으로 돌아가야만 합니다. 지구 역시 태양계에 소속된 하나의 혹성입니다. 태양의 수명이 다하게 되면 흔적도 없이 사라지게 됩니다. 소삼재와 대삼재가 있어 모두가 사라지고 또 다시 생겨나는 과정을 끊임없이 반복합니다.

눈에 보이는 모든 세계는 말씀드린 대로 생성으로부터 소멸까지의 네 단계를 끊임없이 반복합니다. 성·주·괴·공 4단계는 각각 20겁 모두 80겁이 소요됩니다. 이를 1대겁이라 합니다. 생성해 가는 시기에 은하계 우주와 같이 소용돌이 모양으로 돌면서 바깥으로부터 태풍과도 같은 거대한 '풍륜'을 만듭니다. 점차 안으로 들어갈수록 액체 상태의 '수륜', 그 다음 덩어리가 되며 별 모양이 되는 고체 상태의 '금륜'이 생겨난다 합니다. 이러한 과정을 통해 우주의 수많은 별이 생겨나고 지구도 생겨납니다.

그런데 거대한 우주가 소용돌이 모양으로 돌면서 우리가 사는 세계의 봄, 여름, 가을, 겨울처럼 환경이 좋을 때도 있고 나쁠 때도 있습니다. 봄과 가을은 살기에 좋지만 여름, 겨울은 힘겹습니다. 마찬가지로 무량한 은하계 우주 역시 계속 돌게 돼 있는 구조이기에 은하계 우주의 봄, 여름, 가을, 겨울이 있을 수밖에 없습니다. 우주가 생성되는 성겁을 지나 주겁에 접어들면 지구의 수명이 점차 늘어나 10세로부터 8만 세까지 늘어났다가 환경의 악화로 8만세로부터 다시 줄어들기 시작한답니다. 10세 안팎으로까지 떨어집니다. 이렇게 오르고 내리기를 20차례 거듭하는데 수명이 오를 때를 증겁, 내릴 때를 감겁이라 합니다.

수명이 증감하는 가운데 상황이 악화되면 질병이 창궐하는 질역겁(疾疫劫), 식량 등의 문제가 생기는 기아겁(飢餓劫), 결국 서로 간에 다툼이 생겨 전쟁이 줄을 잇는 도병겁(刀兵劫)이 찾아든다고 합니다. 이 같은 소삼재는 사람들이 법답게 살지 않고 악업을 행하기에 초래되는 것입니다. 음탕하고 방일하여 살생을 일삼고 그결과 타 영혼들이 사람을 괴롭히고 기(氣)를 악화시켜 몸과 마음을 어지럽힙니다. 그래서 질병이 만연하고 죽는 사람이 많아집니다.

남이 잘돼야
우주 만유가 잘돼야 내가 잘된다

이 책을 쓰게 된 동기 역시 옛 가르침과 크게 다름없는 이 시대의 부조리하고 불합리한 중생들의 성정으로 인해 죽은 자들, 그리고 사람뿐만 아니라 미물 중생들, 곤충들, 동물들의 영혼의 진혼(鎭魂)을 위해서입니다. 사람들은 너무도 삶에 취해 개발을 이유로 자연을 파괴하고 밀림을 마구잡이로 파괴하고 식물들과 더불어 사는 미물 중생, 동물들, 곤충들의 삶의 터전을 마구잡이로 훼

손하고 있습니다. 환경의 파괴가 심각한 지경에 이르렀습니다. 문자 그대로 환경공해, 자연공해입니다.

그뿐만이 아닙니다. 산 자들의 경우도 죽음에 대한 감각이 무뎌져 죽음에 대한 외경심이 점차 사라지고 있습니다. 나이 드신 부모님이 병원이나 요양병원에 유폐되듯 버려지고 모두가 병원에서 돌아가시기에 죽음에 대한 예경조차 대단히 불성실합니다. 당연히 죽은 자들의 영혼이 가슴 아플 수밖에 없습니다. 살기도 어렵지만 보이지 않는 세계의 안타까움과 탄식을 제대로 인식할 리 없습니다. 제 갈 길을 떠나지 못한 집착령, 애착령들 그리고 마구잡이로 죽어가고 있는 동식물, 미물 중생들, 곤충들, 바이러스 등등의 독성 역시 강해질 수밖에 없습니다. 그들도 의식이 있지 않겠습니까? 삶의 터전과 생명을 잃어버리는데요.

광활한 우주는 생겨났다 허망하게 사라져 버리는 세계입니다. 모두가 허망합니다. 부처님께서 우리에게 선물해 주신 크나큰 가르침은 그 가운데 불생불멸, 영원의 나라가 있음을 깨우쳐 주신 것입니다. 우리의 선조가 하늘나라에서 귀양 왔듯 이 별에서 갈고 닦으면 자신의 별을 찾아 떠나고 그렇지 못할 경우, 악도가 기다리고 있음을 설명해 주셨습니다. 하늘나라에도 아름다움의 세계가 있듯 저 별에서 이 땅에 귀양 온 자들이 천재란 이름으로 이 땅을 번창시켜 나갑니다. 모든 별은 하나같이 일종의 여관과도 같은 곳입니다. 학교와도 같고 교도소와도 같고 귀양지와도 같은 곳입니다. 모두가 잠시 머물 뿐입니다. 그 누구도 오래지 않아 떠나야 합니다.

　그러나 분명한 사실은 보이는 모든 것은 돌고 돌며 사라지지만 허공은 부처님이고 우주는 영원이고 불생불멸을 바탕으로 한 세계입니다. 영원하고도 무한대한 차원의 우주 가운데 지구는 차원 낮은 3차원의 세계입니다.

　여기를 3차원이라 하면 그 누구든 무한대한 차원, 성불의 대로로 나아가기 위해 수행해야 합니다. 피눈물 나는 정진으로 이기심, 아상을 깨고 이타심, 사랑의 마음을 성장시켜야 합니다. 사랑은 하나되는 마음이요, 무한과 통하는 마음입니다. 여기는 시간과 공간이 있는 3차원 세계이지만 수행을 통해 고차원이 될수록, 빛이 될수록 시간과 공간이 떨어질 수밖에 없습니다. 사랑과 자비로 나와 남이 사라지고 6바라밀로 물질에 대한 저차원의 이기적인 마음을 이겨내야만 합니다.

　수행은 그래서 우리 모두에게, 그리고 죽은 자들에게도 절실합니다. 거추장스러운 현실과 괴리된, 그래서 조금은 무겁게 느껴지는 종교적 차원을 내려놓고 제쳐 놓더라도 무한대한 차원, 시공을 초월한 영원의 차원으로 승화되어야 합니다. 그러기 위해서는 삼독 번뇌를 녹이는 법에 대한 공부, 6바라밀행, 참선, 명상, 기도 등이 필수입니다. 모두가 하나인 사랑과 자비의 마음, 지혜의 차원으로 나아가기 위해서는 절대적으로 실천, 수행을 해야 합니다. 수행만이 우리를 무한으로, 영원으로 이끄는 비결입니다. 우리는 진정 기도해야 하고 아무리 바쁘더라도 수행해야 하고 천도해야 합니다. 참선, 명상, 6바라밀행 등을 인생의 필수과목으로 삼고 정진해야 합니다. 영원이 3차원으로 강등 격하된 것이 우리가 사는 세계입니다. 무한대한 차원, 무한으로, 공(空)의 세계로 나아가기 위해서는 3차원적인 탈을 이겨야 합니다. 갖가지 고통의 원천인 이기적인 나 '아상(我相)'과 허상인 '물질'이 존재한다고 생각하는 그릇된 관념을 녹여야 무한으로, 깨달음으로 나아갈 수 있습니다.

모든 것은 돌고 도는 물레방아 같습니다. 모든 고통은 회전목마를 타고 희희낙락하는 중생들의 어리석음에 기인합니다.

그 같은 모든 고통 해소의 출발점은 산 자와 죽은 자가 하나임을 깨닫는 데서 출발합니다. 자연과 동식물, 미물 중생들에 대한 배려에서 출발합니다. 인간은 삼독심으로 너무도 탐욕스러워졌습니다. 하늘에 떠있는 무량한 별들을 바라보며 우리가 그들을 거쳐 이곳에 왔고 우리가 또다시 가야 할 곳이라는 점을 잊지 마시기 바랍니다. 모두가 하나입니다. 모두가 하나에서 왔습니다. 사랑에서 왔습니다. '생로병사', '생주이멸', '성주괴공', '생본사중'은 모두 그 같은 사실을 깨닫게 하려는 우주의 방편입니다.

태어나 한 생을 의미있고 바르게 살고 떠나가면 우리를 기다리는 세계가 있습니다. 한 생에 대한 엄정한 평가가 내려지고 다음 행로가 결정됩니다. 누구나 죽을 것을 알면서도 허망하게 삽니다. 만나면 헤어짐이 있을 것을 알면서도 욕망 따라 이익 따라 만납니다. 그와 같은 삶, 그와 같은 만남에 영원을 불어 넣으십시오. 기도하는 마음을 가져 보십시오. 천도하는 마음을 가져 보십시오.

　우리는 이 땅에 나를 위해서 온 것이 아닙니다. '그 누구를 위해서' 왔습니다. 이렇게 얘기하면 "무슨 쓸데없는 소리냐?" 하시겠지요. '남을 위해 살아야', '영혼들을 위해 살아야', '만유를 위해 살아야', '우주를 위해 살아야' 내가 좋은 것입니다.

　범소유상이 개시허망이니 약견제상비상이면 즉견여래[凡所有相 皆是虛妄 若見諸相非相 卽見如來]입니다. "남을 위해 내가 이 땅에 왔다. 나와 남은 하나이고 남 잘되게 해야 내가 잘되고 산 자들뿐만 아니라 죽은 자들의 안타까운 마음을 풀어주리라." 하는 마음으로 살 때 '내가 잘되고 영원히 잘된다'는 점을 잊지 마시기 바랍니다.

자신을 주시하는 자의 힘을 알아차리는
그 마음 가운데 이기심이 녹아내리고,
에고(Ego)가 깨집니다.
오직 순수의식만 남습니다.

－「지광 스님의 영원한 광명의 길」중에서

현실은 영원이다
그대는 천도를 아는가, 그대는 죽음을 아는가

2021년 3월 25일 초판 1쇄 인쇄
2021년 3월 31일 초판 1쇄 발행

지 은 이   지광 스님
펴 낸 이   김은영
펴 낸 곳   (주)위로기획
신고번호   제2021-000059호
신고연월일 2021년 2월 25일

주   소   서울 강남구 논현로4길 18(개포동)
전   화   02)577-5800
팩   스   02)577-0189
홈페이지   www.nungin.net
디 자 인   나라연

ⓒ 2021, 지광 스님

ISBN   979-11-974217-0-9 03220